日本語ラップ・インタビューズ

Japanese RAP interviews

いとうせいこう
Zeebra
般若
漢 a.k.a GAMI
ANARCHY
KOHH
MARIA
T-Pablow

青土社

日本語ラップ・インタビューズ　**目次**

日本語ラップ・インタビューズ

まえがき

二木信

日本のヒップホップ／日本語ラップ史における重要人物たちが、おのおののヒップホップ論、日本語ラップ論をおおいに展開し、それらがときに激しく共振し、ときに真っ向から対立しているのが本書『日本語ラップ・インタビューズ』の最大の面白さだろう。

『日本語ラップ・インタビューズ』は二〇一六年六月号の『ユリイカ』の「特集　日本語ラップ」に収められた、いとうせいこう、Zeebra、般若、KOHHのインタビューと漢 a．k．a．GAMI（以下、漢）×ANARCHYの対談を再録し、新たにMARIAとT-Pablowのインタビューを加えて構成されている。

「特集　日本語ラップ」は、二〇一二年七月にBSスカパー！　のバラエティ番組「BAZOOKA!!!」内の一企画としてはじまった「高校生RAP選手権」と、二〇一五年九月からテレビ朝日にて放送が開始された「フリースタイルダンジョン」をきっかけに火がついたMCバトルブームと日本語ラップブームを受けて企画されている。特に二〇一六年以降、お茶の間まで巻き込んだMCバトル／フリースタイルの盛り上がりを機に、音楽専門誌のみならず、さまざまなジャンルの雑誌で日本語ラップの特集記事が企画され、自伝や詩集やインタビュー集などの書籍も出版されてきた。

そういう中で『ユリイカ』の「特集　日本語ラップ」はそのヴォリュームを含め、

（元々そういう性質の雑誌であるが）包括的に硬派な議論を深めた特集だったように思う。その議論の主題を端的に言ってしまえば、「日本のヒップホップとは何か」あるいは「日本語ラップとは何か」ということである。

さらに、本書の特徴として世代の幅を挙げられる。一九六一年生まれのいとうせいこう、一九七一年生まれのZeebra、一九七八年生まれの般若、一九七八年生まれの漢と一九八一年生まれのANARCHY、一九八八年生まれのMARIA、一九九〇年生まれのKOHH、そして一九九五年生まれのT-Pablow。この八人が登場する。

ヒップホップ／日本語ラップはその時代によってラップの技法やリリック（歌詞）やサウンド、ファッションや価値観を激しく変化させつづけてきた。前の世代にとっての正しさや常識、クールとされていたスタイルが後続の世代に否定され乗り越えられることで成長してきた側面がおおいにある。というよりも、その変化と新陳代謝、破壊と再生、そしてその多様性にこそヒップホップの核心があるとさえ言える。

異なる世代のインタビュイーのヒップホップ観、日本語ラップ観の相違点や共通点が、彼、彼女らの生きてきた時代や環境といった個別の経験によっていかに形作られたのかという部分まで含めて読むことは、一九八〇年代初頭にアメリカのNYから日本に輸入されて以降、ヒップホップがこの国でどのような歴史を歩んできたかを知ることでもある。何が継承され、何が断絶させられ、また何が復権し再評価されてきたのか。その視点を持つことで読み方も変わってくるだろう。

ところで、この間、何度も指摘されてきたことだが、ヒップホップは一九七〇年代のアメリカのNYではじまったラップ、DJ、ブレイクダンス、グラフィティといった表現を四大要素とする総合的なカルチャーとされている。ラップはヒップホップの一要素で、日本語ラップとはその名の通り、日本という国で独自に生み出され発展してきた日本特有の音楽ジャンルである。すなわちここに登場するのは〝日本語ラップのラッパー〟ということになる。特に第一世代のいとうせいこうと第二世代のZeebraは、日本語で自分らしくラップするためにどのような模索をしてきたかについて多くを語っている。

だが、本書のタイトルにある〝日本語ラップ〟というジャンルあるいは価値観やスタイルは必ずしも肯定的にとらえられていない、ということは付け加えておくべきだろう。MARIAやT-Pablowの発言、また、明言はしていないものの、KOHHのインタビューからは〝日本語ラップ〟という枠で語られることへの拒絶の意思が感じられる。そのような拒絶の意思や逸脱の理由や背景についてここで詳述する余裕はないが、この論点は本書を読む上で非常に重要だと思われる。たとえばT-Pablowは次のように語っている。

「『ヒップホップって何?』って言われたときに、生き方とかすぐに精神論を語る人がいるじゃないですか。俺はそういうタイプが嫌いなんですよ。(中略)今売れているヒップホップの新譜こそがヒップホップだと思っているんですよね。つまり気持ちの部分は抜きにして、ビート感とか音楽性の話です。そういう精神論を語るやつの音楽を聴いて、それがモロに日本語ラップだったりすると、全然ヒップホップじゃねえじゃんって思います」。

本書に登場する何人かのラッパーたちがそうであるように、ある種の生き方を〝売り〟にできるT-Pablowが、生き方や精神論よりも音楽性すなわち芸術性を優先する信条を日本語ラップとヒップホップの関係性と照らし合わせながら語ることが何を意味するのか。この発言はヒップホップ／日本語ラップが日本という一国の社会的・文化的状況のみでとらえることのできないカルチャーであることを示唆し、また昨今のMCバトルブームやラップブームに対する鋭い批評にもなっている、とだけここでは書いておこう。

もうひとつ本書を読む上での視点を提出しておきたい。それは、帰属意識と連帯感である。長らく、日本のヒップホップあるいは日本語ラップを聴くことは、この音楽文化のサークルやコミュニティに属すること、もっと言えば、それらと連帯することを意味してきた。それはプレイヤー（ラッパー、DJ、ダンサー、グラフィティライター）に限られた話ではない。専門誌の編集者や評論家やライター、レーベルやクラブやライヴハウスの関係者、リスナーであっても帰属意識と連帯が求められてきた。

いや、もちろん帰属意識や連帯感などなくても音楽は聴ける。ライヴも観られる。音楽産業やヒップホップ・ビジネスに携わることもできる。それは二〇年前もいまも変わらない。帰属意識と連帯感は不自由さと紙一重でもあるし、この細分化、断片化の時代にまさか聴く音楽によってその人物の生活様式や生き方、あるいはファッションが一概に規定されるわけでもない。ヒップホップを聴く人物が誰しもスキニージーンズやバギーパンツを穿き、ニューエラのキャップを被り、タトゥーを入れるわけではないのだ。

が、しかし、〝シーン〟や〝現場〟が重要視されるのがまさに象徴的であるが、日本のヒップホップ／日本語ラップは、その内部にいくつもの価値観やスタイルの対立や軋轢を内包しながら、重要な局面では向かうべき未来への方向性を協調して模索してきた。好むと好まざるとにかかわらず、帰属意識と連帯感がこの国のヒップホップとラップミュージックを支え、育ててきた事実は疑いようがなく、さらに帰属意識と連帯感は、「日本のヒップホップとは何か」「日本語ラップとは何か」という問いと深く結びついてきた。そして、ラップブームによるこのジャンルのある種の大衆化によって、当然のことながら帰属意識と連帯感にも大きな変化が起きはじめている。

本書に登場する複数のラッパーたちにもそういう現在の状況が共有され、おのおのの問題意識を刺激しているように思える。たとえば、Zeebraがヒップホップにおけるビジネス、メディア、マーケティングを語る一方で、漢とANARCHYはいまあらためて彼らの出自でありラップする上での重要なコンセプトでもある〝ストリート〟とは何かという問いに向き合い、そしてヒップホップの未来と自身のヴィジョンについて語っている。帰属意識と連帯感を保ちながらいかに文化を大きくするのか、という普遍的な議論が展開されている。

また他方で般若は現在の活躍ぶりから考えると、意外なほど素朴なリアリティを次のように率直に語る。

「やっぱり世の中、苦労してる人のほうが大半を占めてると思うんです。USのヒップホップみたいに金を稼いで成り上がるっていうのは、ある意味ですごい夢だと思うんですけど、僕の実生活においてそれは絶対ないんですよ。ここは絶対って言いきってしまいますけど、別に自らシャンパンをあけるようなこともありませんし、俺は実生活に基づいてやっていきたいなっていう」。

「日本のヒップホップとは何か」「日本語ラップとは何か」と問い、その問いに答えつづけていくことで、彼、彼女らはみずからの表現と個性に磨きをかけていっているように見える。その問いから派生するテーマは多岐にわたる。ラップの技法やブラックミュージックのリズムの解釈にはじまり、洋楽とラジオ、ストリートと団地、メイクマネーと音楽ビジネス、人種とアイデンティティ、グルーヴとセクシャリティ、グローバルとローカル、あるいは明治時代のバイオリン演歌やアフリカ・ドゴン族の音にまで行き着く。もちろんKOHHのようにまったく独自の地平で思考し表現しているような人物もいる。

いずれにせよ、そのような「日本のヒップホップとは何か」「日本語ラップとは何か」という問いから広がるいくつもの回答とテーマが彼、彼女らの音楽を生み出し、さらに終わりのない問いと答えの往復の中で、彼、彼女らでしかあり得ない生き方や価値観を提示し、刷新しつづけているのではないだろうか。

NYクイーンズのラッパー、ナズのデビュー・アルバム『イルマティック』について著した書物で知られるマシュー・ガスタイガーというアメリカのライターは「ヒップホップを無視してアメリカの社会的な風潮を語ることは難しくなった」と二〇〇九年に書いている。それから約一〇年が経ち、日本のヒップホップ／日本語ラップはそのような局面に突入するとば口に立とうとしているのかもしれない。そんなことを頭の片隅に置きながら本書を読むことで何かしらの発見があるとすれば幸いである。

第1章　自転車《ビート》に乗ってどこまでも

いとうせいこう（聞き手＝磯部涼）

――今、またちょっとした日本語ラップブームみたいになっていますよね。

いとう　そうだよね。『フリースタイルダンジョン』が引き金を引いた――もちろん、その前に「高校生ラップ選手権」とか、いわゆる日本のラップのリスナー以外にも届くものがいくつか出てきた上で、あの番組が突破口を開いたっていう。だから、今までほとんど日本のヒップホップを聴いてこなかった人も盛り上がっている感じでしょう?

――『フリースタイルダンジョン』のYouTubeのコメント欄で、「なぜ、審査員にいとうせいこう?」「ラッパーだったんだよ」みたいなやり取りがありましたからね。若者だと思うんですけど。

いとう　若い子はオレが何をやってきたかなんて、全然、知らないよ。

――あるいは、そこから、□□□の「ヒップホップの初期衝動」（二〇〇九年）や「ヒップホップの経年変化」（二〇一一年）のMVに飛んで、「え、格好いいじゃん!」とか「これもラップなの?」とか、掘り下げ始める人もいたり。まぁ、とりあえず、第何次なのかはわからないですけど、今、日本語ラップブームが起こっていて。また、今年は、日本語ラップ・クラシックである「東京ブロンクス」を収録した、いとうせいこう&タイニー・パンクスのアルバム『建設的』（一九八六年）発売からちょうど三〇年で。九月三〇日、一〇月一日には、東京体育館で「『建設的』30周年祝賀会〜いとうせいこうフェス」も開催されます。

いとう　ただ、ラップブームというよりは、基本的にフリースタイルブームなんだよね。ヒップホップにおける、フリースタイルといういち要素のゲーム性みたいなもの、あるいは、喧嘩っぽさ？　今はまだそれがおもしろがられているという段階。この前の収録のときにZeebraが「こういうゲームを通して、曲の方も聴いてもらえる流れになってほしい」と言ってたけど、僕も、フリースタイルだけではなく、決まった曲をやるライヴのおもしろさみたいなものもわかってもらえれば嬉しいな、と思ってる。とは言え、〝システム〟が理解されるのはいいことだよね。今まで、散々、ラップのおもしろさについて説明してきたのに伝わらなかったのが、やっぱり、優れたものを観せると、みんな一発で肉感的に理解しちゃうんだもん。それはすごいなって。

――というわけで、今日はその次の段階というか、『フリースタイルダンジョン』で日本のラップミュージックに興味を持った人のためにも、せいこうさんがやってきたことが現在のこのジャンルにどう繋がっているのか、あるいは、どう断絶しているのか、改めて文脈を明らかにできればと思います。

いとう　訊いて訊いて。覚えている限りは話すよ。

――まず、「～初期衝動」の冒頭で「最初はＦＥＮ／そう米軍放送／聴いたシュガーヒル・ギャング／つまりは王道」とライムしていますが、文献によっては、最初にグランドマスター・フラッシュを聴いたというふうにおっしゃっています。ただ、せいこうさんが六一年生まれで、早稲田大学に入る前後ということなので、年代からすると、やはり、シュガーヒル・ギャングの方ですかね。

いとう　そうかもしれないね。何の曲かは具体的にはわからないんだ。ただ、その感覚ははっきりと覚えていて。

――印象としては、〝土俗的〟だったと。

いとう　〝祭囃子〟だと思った。ものすごい間があるリズムで、「そうか、ホップしているからヒップホップなのか」って後で思うんだけど、まずはその跳ねたビートが好きになったんだ。歌ではなく言葉を乗せるということだと、それまでカントリーでもあったし、他の分野の音楽でも聴いたことがないわけではないんだよね。だから、その跳ねたビートと言葉の組み合わせにおもしろさを感じたんだと思う。

――八木節のようだと思った、ともおっしゃっていました。

いとう　あるいは、ラテンのビート感みたいなものもあったと思う。

――せいこうさんが感じられた土俗性というのは、アフリカ的だったり、日本的だったりというよりは、様々なものがミックスされたものということでしょうか？

いとう　高校生の頃、よく小泉（文夫）教授のNHKの番組で民族音楽を聴いていて、アフリカの音楽も好きだったし、それも感じたと思うよ。やっぱり、〝有色人種感〟だよね。黄色いオレでもわかる。「日本にもあるよ、これ！」っていう。

――そして、重要なのは、せいこうさんが初めてやったラップが、その、FENで耳にした何だかよくわからない曲のモノマネだったということだと思うんです。

いとう　そうそう。早稲田で〈FEN研究会〉というサークルに入ってたから、ラウンジで「このごろ流れてる、この曲、なんすか？」みたいな感じでラップして、それに対して、先輩が「あるある！」「お前、上手いな」って褒めてくれたの。ただ、他にもさっき言ったみたいなカントリーの真似もしてたし、要するにone of themだったんだよ。

――「FENあるある」の一つ。

いとう　で、そこから、ラップをちゃんと追求するようになったのは、やっぱり、藤原ヒロシとの出会いが大きくて。彼が〈クラブD〉というところで……。

――八四年一〇月、日本発のクラブと言われる〈ピテカントロプス・エレクトス〉の跡地にオープンしたハコですね。

いとう　もちろん、〈ピテカン〉から出入りしていたわけなんだけど、それはコメディアンとして。その後、〈クラブD〉ができて、ヒロシがDJをやってるときに呼ばれてマイクを持たされた思い出があるんだよね。そこで、多分、ラップの真似をやったんだ。あと、同時期に、景山民夫さんのラジオ番組のコーナーを、オレとヒロシで担当していて。

――やはり、八四年一〇月にTBSラジオで始まった「景山民夫のスーパーギャング」内のコーナー。

いとう　で、「19（ナインティーン）」（ポール・ハードキャッスル、八五年二月）ってメガミックスっぽい曲の上で、放送禁止用語を如何に合法的に言うかというネタがあったのね。「いきちがい、いきちがい、い、きちがい、きちがい」みたいな。それが、オレにとってのラップのトレーニングの場所だったというか。でも、その時点では単語止まりで、ビートに物語を乗せるようなことはしてないし、できなかったんだよ。それこそ、『フリースタイルダンジョン』でラップを知った人は信じられないだろうけど。オレは日本語でラップをやることは、自転車に乗ることと似てると思ってる。自転車って、乗れるようになった後は、乗れなかったことを忘れちゃうでしょ？

――しかも、せいこうさんは日本で初めて自転車に乗ったんですからね。

いとう　まあ、そうだね。最初かどうかは別として。「何これ？　え、自転車？」っていうところから始めたわけ。で、「あ、乗れた！」という瞬間があって。ただ、それはみんな同時に実験してたと思うんだ。当時、近田（春夫）さんも、毎日、新聞が届くと、まずはそれをラップ風に読んでみるって言ってたからね。

――ニュース＝ラップというところが本質的ですね。チャックDの「ラップは黒いCNN」発言より早い。

いとう　言葉をどこでどう切るとラップになるか、ビートに乗るかっていうことをずっと考えてたみたい。

――ちなみに、ヒロシさんが書かれていたのは、景山民夫さんが〈ラフォーレ原宿〉でやったコンサートで、せいこうさんとヒロシさんが披露した〝田中角栄ラップ〟。「きっとあれが日本で初めての日本語によるヒップホップだった」んじゃないかと。

いとう　あー、あったな。オレが覚えてるのは、二人で車椅子に乗って出てきて、ウィリーとかを決めるっていう。ただ、ラップはどんな感じだったかな？　多分、それも単語の繰り返しだと思うんだよね。そもそも、その時期、そういうことをいっぱいやってるんだ。例えば、『ストレンジャー・ザン・パラダイス』の音楽と主演をやってた人……。

――ジョン・ルーリーですね。ラウンジ・リザーズの。

いとう　そう、彼の前座でもやったことがある。あとモーガン／マクベイのフロントアクトも。どっちのときも、ヒロシがいて、（高木）完ちゃんがいて、ヤン（富田）さんがいて、屋敷豪太がいて、ダブ・マスター・Xがいて、K.U.D.O.さんがいて……とにかくあの辺（〈ピテカントロプス・エレクトス〉～〈メジャー・フォース〉周辺）が、うじゃうじゃとステージに上がって。その頃、オレたちはブラスター・ビート・ボーイズだったか、ブラスター・ビーツだったかって名乗ってたんだけど、ダブ・マスター・Xが後ろでトラックを出して、他の人たちはその上で打楽器を演奏していて、オレらはほとんどただずーっと叫んでるんだよ。

――それは、いとうさんがソロに、あるいは、完さんとヒロシさんがタイニー・パンクスになる以前の話ですよね。

いとう　そのときは〝業界くんバンド〟（八五年一二月に発表された、日本語ラップ第一号に位置付けられる「業界こんなもんだラップ」期のライヴでの編成）として呼ばれたと思うんだけど、曲なんか一曲しかないわけ。だから、あとは言葉を習得する前の猿が、何かを言いたくて叫んでる感じだよね。

――**恐らくそれ以前は、ただ騒いでいるだけというライヴはなかったですよね。**

いとう　ないと思う（笑）。でも意外に盛り上がるんだよ。三、四〇分持つの。だって、こっちも踊っちゃってるし。〝イェー！〟とか言って。あと、その時点で「セイ、ホー」はやってた気がするんだよな。で、その叫びが段々と短いフレーズになっていって、「オレたちブラスター・ビート・ボーイズ！」とか言い始めたんじゃないかな。それがいつの間にかラップになっていたという感じ。

実験の場としての〝ノベルティ〟

――いとうさんのラップが確立されていく過程で気になるのが……例えば、日本では「業界こんなもんだラップ」以前にも、スネークマンショー「咲坂と桃内のごきげんいかが1・2・3」（一九八一年）や、ザ・ナンバーワン・バンド「うわさのカム・トゥ・ハワイ」（一九八二年）、イラマゴ「ＴＹＯロック」（一九八四年）、スーパー・エキセントリック・シアター「ビート・ザ・ラップ」（一九八四年）のような、明らかにラップミュージックを意識した楽曲はリリースされているんですが、どのラップも五七調みたいな、いかにも日本的なリズムなんですよね。**

いとう　まさに、そこをどう抜けるかというのが、オレと近田さんにとってのテーマだったんだよね。

——で、五七調だとどうものっぺりした感じになってしまうんですが、「業界こんなもんだラップ」では二拍目、四拍目のスネアに合わせて強弱を付けることで、同時代のアメリカのラップの聴こえに近いものになっています。そこが、日本のラップミュージックにとってものすごく重要な転換点だと思うんですよね。

いとう　それまでの日本のラップって、〝たたたた／たたたた／たたたたた・うん〟みたいな感じで、休符が入るでしょう。その瞬間に「古い」って感じる。だから、あそこの休符を消すにはどうしたらいいんだろうと。少なくとも、ニューヨークのラップだって、メロディなしの言葉を乗せるカントリー的手法とは違って何か確実に新しいリズム感を持ってた。それを日本語でも可能にしたいわけですよ。で、オレが考えたのは、〝たたたた／たたたた／たたたた・たたた〟みたいな感じで、単に休符になっていたところを詰めればいいじゃんと。ただ、そうなると息継ぎの技術がいるわけだよね。例えば、「BODY BLOW」（一九八七年）で「エルボースマッシュ／また汚い手／そこで踏み込もう／そんでBODY BLOW」ってラップしてるんだけど、「そんで」は休符を消すためのものなの。「エルボースマッシュ／また汚い手／そこで踏み込もう／……BODY BLOW」だとなんか空いちゃうから。で、そこにどういう接続詞を入れればいいかというのをいちいち考えて、「これ、使える！」とか言って詞を書いていったの。あと、これは誰も言ってくれないんだけど、この後、（忌野）清志郎さんがザ・タイマーズの「デイ・ドリーム・ビリーバー」（一九八九年）のなかで、〝そんで〟って使ってるじゃん。

――清志郎さんは「BODY BLOW」にブルースハープで参加されてますもんね。

いとう 多分、このレコーディングで「それそれ！」って思ったんじゃないかな。とにかく、オレは五七調を消したかったよね。五七調をやっちゃうと、何て言うのかな、〝企画もの〟になっちゃうんですよ。そうでなくても、オレは企画ものとのキワキワのところにいたから。

――「業界こんなもんだラップ」が収録されているアルバム、『業界くん物語』は、まさに、雑誌『ホットドッグ・プレス』の同名連載をもとにした企画ものですし、「業界こんなもんだラップ」もいわゆるノベルティソングではあるんですけど……。

いとう　そう、あれはノベルティなんだよ。

――ただし、やっていることは本格的という。「BODY BLOW」のB面に入っている、「ネッスルの朝ご飯」のCMで使われた「HEALTHY MORNING」にしてもそうですが。

いとう　あの時代、海外から入ってきた新しい音楽を理解してもらうためには、ノベルティにするしかなかったから。ただ、そういう苦労をしたのは、オレが最後の時代だと思うんだよね。

――まずは親しみやすいノベルティソングとして出して、そこで理解してもらったら、次は本格的なものを出しても大丈夫だと。

いとう　あるいは、リスナーも下手するとアメリカよりも詳しいっていう状況になるわけだからね。だから、オレはノベルティソングとしてヒップホップを作ってた最後の世代で、「エノケンはこうだったんだろうな」とか、「川上音二郎はこうだったんだろうな」とかとか、あるいは、「オッペケペー節の頃はこうだっただろうな」とか考えながらやってたんだよね。本当は海外の音楽がおもしろくて仕方がなくて、それをストレートにやりたいわけ。でも、理解されない以上、ちょっとおもしろくせざるをえない。だからこそ、今のある種の若い子たちは、日本のヒップホップがオレあたりから始まったということを認めたくないと思うんだ。

いとう　「何がオールドスクールだよ、あんなやつが最初なわけないじゃん」と言いたがるのは、オレがノベルティに見えているからでしょう？

――もっとハードコアなところから始まったというふうに、歴史を修正する。

――ただ、この頃って、ノベルティソングが実験の場として機能していましたよね。それこそ、「咲坂と桃内のごきげんいかが1・2・3」をプロデュースした細野晴臣さんも、コメディのレコードだからこそ思い切ったことができたんだと思いますし。細野さんが手掛けた歌謡ラップでは、山田邦子の「哲学しよう」（一九八三年）も格好いいです。

いとう　大瀧詠一さんもそうだよね。大瀧さんも、あれだけビーチ・ボーイズの音を深く読み解いて、それをどう提示するかとなったとき、やっぱり、ノベルティにするしかなかった。もし、それを真面目な方向でやってしまうとウケないということと、もうひとつ、「真似じゃん！」と言われちゃうと思うんだよ。そこに独創性を足すと、自動的に笑える何かが生まれてしまう。文化の差異があるっていうのは、そういうこと。ただ、今はもう差異がないから。

――『業界くん物語』の翌年にリリースされた『建設的』も、「MONEY」や「東京ブロンクス」が日本語ラップ・クラシックになっているので忘れられがちですが、あれも実はノベルティアルバムで。構成としてはパンクロックだったり、ラヴァーズレゲエだったり、様々なアレンジの楽曲が入っているうちのひとつがラップなんですよね。とは言え、「MONEY」と「東京ブロンクス」に関しては特に力が入っているように思えるのは、やはり、ヒップホップを翻訳するという作業に前例がなかったからでしょうか?

いとう　そうだね。あとは、「業界こんなもんだラップ」にしても、「東京ブロンクス」にしても、ヤンさんにプロデューサーを頼んでるから。ヤンさんの力の入れ方が半端なかったというか。「業界こんなもんだラップ」の曲間のスクラッチバトルなんて、あんな形式、世界初だからね。で、ヒロシと、ダブ・マスター・Xと、K.U.D.O.さんと……その時期、日本でちゃんと擦れる人は五人くらいしかいなかっただろうけど、そのうちの三人を引っ張ってきてる。

――あと、当時、関東でスクラッチをやっていたのはユタカさん、モンチ田中さんとかですかね。クラッシュさんはまだ歩行者天国に出てきていないと思うので。

いとう　うん、それぐらいすごいことでさ。だから、オレのラップなんか、彼らを紹介する役ぐらいに思ってた。

――ただ、せいこうさんのラップの、スネアの連打に合わせた、「ぎょう／かい／は／い／れ／ば／こん／な／もん／だ」という譜割も画期的だったと思います。

いとう あれも、ヤンさんのトラックありきだから。アメリカのラップはある程度聴いてたし、あの連打が出てきたら、そりゃあ、ああやって乗せるじゃん。だから、結局、トラックに導かれて、自動的にできた感じだよね。案じるより生むが易しっていうか、やってみたら意外にできた。ただ、この時点では、トラックの上でフロウするにあたって、脚韻までは意識がいってない。「東京ブロンクス」のときも、ヒロシの部屋にみんなで行って、合宿して録ってたんだけど、「脚韻、踏んだ方がいいかな?」「いや、踏まなくていいんじゃない」みたいな会話をしたことをよく覚えてるもん。つまり、ヒロシもロンドンにいたし、僕もFENをずっと聴いてたから、欧米のポップスでは脚韻というものが当たり前だということを知っている。で、ラップの脚韻の乗せ方が、シンプル過ぎてダサいと思ってたんだよね。

――確かに、「東京ブロンクス」はほとんど韻を踏んでないですもんね。それでいて、あれだけ、整合性があるように聴こえるのがすごいんですが。

いとう　だって、それまで、ポップスではABABCCとかいろんな韻の踏み方をしてたのが、ラップになってAABBCCDDって単純化されて。もちろん、ノリはいいんだけど、「この部分だけ俗だなぁ、子供っぽいなぁ」と思ったし、実は今もちょっとどこかでそう思っている節があるんだよ。だから、何と言うか、すごく原始的な英語詩の伝統……『マザー・グース』みたいなものに近いと感じたわけ。

――実際、ラップのルーツのひとつに、アメリカ黒人の伝統文化で、子供達がライムしながら悪口を言い合う、ダズンズがあると言われていますね。

いとう　うん。だから、「業界こんなもんだラップ」のときは、AABBCCDDみたいな脚韻なんていくらなんでも……と思って、ほぼまったく気にしてない。で、「東京ブロンクス」のときは、より本格的にラップをやるっていう意識が強かったんで、脚韻をどうするかで結構悩んで。結局、「いらないか」ということになったんだけど、知らないと思われるのもちょっと困るなぁと思って。そこで、オレの啓蒙的な部分が出て、サビのところでちょっと踏んだんだよね。「TOKYO BRONX. BABY THANX」って。つまりそこだけ英語で。

**――当時、近田さんも「日本語において、韻はあまり重要ではない」と考えていたとおっしゃっていましたが、それは、せいこうさんのまわりでの共通見解だったということでしょうか？

いとう　それはあったね。例えば、オレが参照してたのは、「韻なんて関係ない」と言って、掟から開放されて自由にやっていた現代詩の人たちだったから。

――ただ、先程も言ったように、「業界こんなもんだラップ」におけるビートの乗り方が、その後のスタンダードになっていくんですよね。日本語でラップをするにあたって、まず最初に、脚韻よりも、強弱に対する意識があったというのは重要な話だと思います。

いとう　だから、自転車の喩えで言うと、「業界こんなもんだラップ」のところで、パッと乗れちゃったんだよね。スネークマンショーとは違う、五七調じゃない乗せ方がわかった。それで、「これだったら、いくらでもできるじゃないか」「この自転車に乗ってどこまででも行けるじゃないか」と思ったっていう。乗れなかった時期の感覚はもう忘れているんだけど、たまーに思い出すんだよ。それが、ブラスター・ビート・ボーイズのずっと同じことを叫んでる時期。

――「言葉を習得する前の猿」とおっしゃっていましたけど、そこからいきなり進化して。

いとう　そうそう。モノリスに触っちゃったみたいな感じなんだよね。ほんの些細なことなんだけど、全然、変わったっていう。今はそこがスタートになっちゃってるから、それ以前のことなんて想像もつかないだろうね。

スタンダードの確立とシーンからの離脱

――ところで、初期のタイニー・パンクスは、アディダスのジャージとセディショナリーズを組み合わせるというファッションに象徴されるように、ヒップホップを翻訳する上で独自の解釈を加えていましたけど、やはり、ラン・D・M・Cだったり、ビースティ・ボーイズだったり、ロールモデルがありましたよね。比べて、せいこうさんはおかっぱに眼鏡で、あまりにもオリジナルだったわけですが……。

いとう　異様だよね（笑）。

――一方で、先程のお話のように、まずはアメリカのラップの聴こえに似せるということを重視していたわけです。

いとう　ただ、オレは単に真似になってしまっているものは好きじゃないから。シュガーヒル・ギャングを聴いたときに祭囃子を感じたっていうことが、「日本人にとってラップって何だろう」ということを考える上での起点になってる。

――そこで、せいこうさんのディスコグラフィーにおいて重要なのが、『業界くん物語』と同時期に出たザ・ハードコア・ボーイズの「俺ら東京さ行ぐだ（ほうらいわんこっちゃねえMIX）」（一九八五年）だと思うんですよ。

いとう　あれはすごかったよな。あそこでは五七調でやってるんだよ。

――原曲が吉幾三ですからね。同曲でいとうさんは、東京に行くという孫を止める老人の役をラップで演じているんですが、タンを切る音をスクラッチ風にやってみたり、だとか芸が細かくて。ちなみに、あの息子役はどなたですか？

いとう　あれは言ってみたら誰でもない業界の人だったんじゃないかな。スタジオにたまたまいた気がする。で、あの歌詞とコントは（スネークマンショーのメンバーで、〈ピテカン〉のプロデューサーでもあった桑原）茂一さんが書いてて。

――あ、そうなんですね。

いとう　あれはもう歌詞まで決まっちゃってたんで、ある程度は乗せ方も限られてたんだけど、それでも、原曲よりはラップっぽいと思うんだ。いわゆる五七調のもったりした感じではない。だから、自分としては、「あ、こういう風にずらせば、五七調から抜けられるかも」みたいに試してたわけ。

――まさに、ノベルティソングを作りながら実験をしていて、それが「東京ブロンクス」に活かされたと。

いとう そうそう。ちょうど、自転車の操縦法がわかってきた時期だったんだと思う。

――それと、あの歌詞は茂一さんが書かれたということでしたが、原曲が地方と東京を対比しているとしたら、ザ・ハードコア・ボーイズは東京とニューヨークを対比して、所詮は東京も田舎なんだと言っている。

いとう 「ハッパもねぇべ／ハシシもねぇべ／コークなんかまったくねぇべ」ってね（笑）。

――「エイズもそれほど流行ってねぇべ」「核もねぇべ／戦もねぇべ／難民それほど来るでもねぇべ」というラインも強烈です。ただ、そういった、ディストピアに対する捻れた憧れのようなものって、日本のラップがずっと抱え続けているものだと思うんですよ。だから、今、聴いてもその批評性に驚かされて。もしくは、「東京ブロンクス」では同曲のテーマを引き継いで、「ある朝、起きると、東京がブロンクスになっていた」というようなことが歌われるわけですよね。で、『フリースタイルダンジョン』に出ているT-Pablow

の地元の川崎区に行くと、現場仕事を終えた若者たちがニッカボッカを穿いたままサイファーをやっていたりとか、ラップが完全に根付いていることにびっくりさせられるんですが、要因としては、差別や貧困が蔓延している――つまり、かつてのブロンクスを連想させるような状況があって。

いとう なるほどね。今の若い子たちがラップが好きなのは、ひとつに、彼らが疎外されてるからだよね。あるいは、貧困が身近な問題だから。そういう意味では、いつの間にか現実が追いついちゃったというか、「ラップをどう取り入れようか」なんて言ってる間に、バックグラウンドが接近して、日本でもラップが自然なものになってしまった。そして、そこで暮らす若者にとってリアルに感じるのが、ポップスの夢みたいな言葉ではなくて、「売人になっちまった」みたいな言葉なわけじゃん。ラップが決してフィクションじゃないんだよね。

―― まさに、〝東京＝ブロンクス〟になりつつある。「東京ブロンクス」や、その後の『MESS/AGE』（一九八九年）の背景には、世紀末的なデカダンスがあると思うんですけど、むしろ、リアルに感じるんですよね。もちろん、ラップが古くなっていないということが大きいんですが。

いとう 『建設的』から『MESS/AGE』に至る何年かの間に、ラップに対してものすごく意識的になったんだよね。それは、僕とヤンさん、ダブ・マスター・Xという編成でライヴをやるようになったから。「TURN YOUR TABLE」っていう、いろんなバンドを呼ぶクラブミュージックみたいなものを始めて、そのトリでオレたちが出てくるのが定番になって。で、そこで、いわゆるヒップホップのトラックに限らない、さまざまなタイプのリズムに言葉を乗せることを何年もやって、それが『MESS/AGE』に繋がっていく。ライヴでは日本語のトースティングも、日本語のラバーズロックも毎回トライしてて。

――『MESS/AGE』は、日本初のヒップホップアルバムと言われていますが、せいこうさんのキャリアにおいても珍しいタイプの作品で。要するに、せいこうさんはモノマネのレパートリーとしてラップを取り入れたように、あるいは、バラエティに富んだアルバムの一曲としてラップをやっていたように、そして、タレント、作家とさまざまな肩書きを持っているように――あえて八〇年代っぽい言い方をすればスキゾフレニックな本質を持っているわけです。それが、『MESS/AGE』ではラップだけをやっている。当時は、「自分はラッパーだ」という意識があったんでしょうか?

いとう あったね。だから、『MESS/AGE』にはノベルティ感がないでしょう? ふざけてないっていう。それは、さっきも言ったように、日本でもヒップホップが文化として定着して、ノベルティソングをやる必要がなくなったんだよね。ライヴでも、最初は「セイ・ホー！」って言うと、「セイ・ホー！」って返ってきちゃってたからさ。「スクリーム！」って言うと、お客さんも「スクリーム！」って（笑）。

――日本にはコール・アンド・レスポンスの伝統がないですからね。

いとう　合いの手はあるんだけどね。だから、日本語で言わなきゃと思って、「騒げー！」っていうコールを考えたんだけど。で、そういう試行錯誤を続けていくうちに、自分たちの成果をひとつにまとめたいという欲求が出てきたんだよね。さらに、そこでも、オレの啓蒙的な面が出て、付録を付けて解説しようと。「これを読めばわかるでしょ？」「みんなもできるよ」って。

――『MESS/AGE』には、「THE RHYMING BIBLE＝福韻書」と題した、アルバムで使用したライムの一覧が付いていました。

いとう　あるいは、そのアイデアを出したのは川勝正幸さんだったかもしれないけど。

――川勝さんは、アルバム全体のビジュアル・コーディネーターと、ブックレットの編集を担当されたと。

いとう　彼が、「いとうくんがこのアルバムでやってることってわかりにくいから、解説を付けた方がいいと思う」と言って、「それいいね！」という話になった可能性はある。今となっては、亡くなってしまったからわからないけど。でも、まぁ、要するにあれは自転車の乗り方の教科書だよね。あの段階では、それを作れるくらいまでには、自分がやっているいることを客観化できるようになっていて。むしろ、これからラップをやる人のことを考えて付けたんだ。

――ここまでくると、脚韻だけではなくて、四小節目と一小節目とか、ランダムに踏んだりもしていますよね。

いとう そうそう。頭韻とか、いろんな踏み方をしてる。でも、それもトラックの影響だよね。ヤンさんが作ってくるフリーなものに応答するとああなるっていう。

――「東京ブロンクス」の頃は「ラップのライミングが子供っぽいものに思えた」とおっしゃっていましたが、それから、三年経って、正反対の考え方になったということでしょうか？

いとう どうせ踏むんだったら、踏みまくろうと思ったんだよね。現代思想で言うところの〝散種〟をやろうと。あるいは、オレはアナグラムを使う作家が好きで、例えば、レーモン・ルーセルという人がいるんだけど、普通に読んだだけでは気付かないようなところまで踏んでたりする。そういうことを突き詰めようとしたのが、これだよね。

――「業界こんなもんだラップ」では、日本語でラップすることのスタンダードを示したのに対して、『MESS/AGE』では、日本語でライミングすることのスタンダードを示したとも言えると思うのですが、一方で、『MESS/AGE』というアルバムは、当時のラップシーンにおいて浮いていたようにも感じるんですよね。ヒロシさんは既にハウスに移行していて。完さんは〈メジャー・フォース〉でECDやスチャダラパーだけでなく、B-FRESHみたいな、後のハードコアラップに繋がるような流れもフォローしていて。対して、せいこうさんはラップをやっているのにも関わらず、孤高の存在になっていたというか。ラッパーというアイデンティティが芽生えつつも、シーンから離れていったのは、どうしてなんでしょうか？

いとう　そう言えば、そんな感じだったね。自分としては、あえて孤立していたわけではないんだけど。やっぱり、ヤンさんの思考がヒップホップを通過して現代音楽的なものに向かっていて、自分としてもその感覚はよくわかるから。例えば、パーティー的なラップとか、いわゆるB・ボーイ的なラップとは違うところを見始めちゃっていたということなんだと思うんだよね。で、結局、この後、オレはしばらくラップを止めちゃう。それは、『MESS/AGE』のリリースパーティーがあって、大阪で一回、飯倉片町の〈ラフォーレ〉

で一回やったんだけど、ライヴの最後の二〇分くらいが、ヤンさんが出す電子音と、ダブ・マスター・Xがレコードを次々にかけるサウンドコラージュみたいなパートだったんだよね。もはや曲とかじゃないの。そこで、オレが何するかというと、自分の持っていたフレーズを切れ切れに当てていくしかない。でも、ヤンさんとダブ・マスター・Xの音があまりにもすごいから、黙らざるをえなくなっちゃう。つまり、ラップでは、セッションができないことがわかってしまった。決まった曲をやるよりも、セッションのほうが音楽的に豊かなんだよ。自分でもわかってる。それなのに、できない。あるいは、一番最初、みんなでワーワー騒いでたみたいなスタイルに戻ればいいのかもしれないけど、ひとりでは騒げない。フリースタイルなんてことが成立するのはずっと後だし。で、「これはもう行き止まりだな」って。「オレはやっぱりミュージシャンじゃないんだな」と思って、一回、音楽を止めちゃったんだよ。

アウェイを楽しむ

――それにしても、展開が早いですよね。ブラスター・ビート・ボーイズから、五、六年とかしか経っていないわけですから。

いとう そうだね。で、また数年経って、クラブにふらっと行って、須永辰緒やダブ・マスター・XのDJの上で自分の書いた小説とか詩の朗読をやるようになって。それに必ず偶発的なエフェクトをかけてもらって。ダブリーディングですよね。

――〈クラブD〉での遊びを思い出しますし、最近のライヴにも通じるものがあります。

いとう 最終的にそれがダブフォース(一五年にスタートしたダブ・マスター・Xこと宮崎泉と、屋敷豪太、増井朗人によるユニット。いとうもヴォーカルとして参加)になって。あるいは、アルタ前で演説(二〇一一年九月一一日、「原発ヤメロ!!」デモにて。DJはダブ・マスター・X)することにも繋がってるんだけど、そのやり方だと、リズムに乗せても、乗せなくてもいいから、メチャメチャ自由になったわけ。自分の日本語が。後は、説得力を持って読めばいいわけじゃん。だから、自分としては、「あのときの〈ラフォーレ〉で、あれだけ音楽にならなかった自分の言葉が、ちゃんと音楽になってる。しかも決してありきたりの音楽じゃない。これならセッションできる!」という思考になったことで、音楽をやることが楽しくなって。だから、今は密かに第二期なんだよ。

――ヤンさんは『MESS/AGE』の後に出したソロ・アルバム『MUSIC FOR ASTRO AGE』(一九九二年)で、ヒップホップのルーツを現代音楽に見出すようなことをやりましたよね。並行して、せいこうさんも、小説に打ち込んだり、あるいは、日本の古典を探求していったわけですが、それは、〈ラフォーレ〉での失語体験を経て、そもそも、日本人にとってラップとは何なのか改めて考えてみようとしたということなのでしょうか？

いとう うん。アメリカにおいてラップが何であるか考えると、現代のアフロアメリカンが意識する／しないに関わらず、やっぱりそこにはスピーチの伝統というものがあるんだよね。そして、それを日本に置き換えると演説になるわけだし、あるいは、バイオリン演歌みたいなところから、芸能の伝統も遡っていかざるをえなくなる。で、例えばある話芸を六〇〇年間、代々受け継いでる人たちに話を聞きに行くと、まぁこれがおもしろいことを言うのよ。「声はこうやって出さなきゃいけない」とか、「こういう風にイメージして喋らなきゃいけない」とか。そんな風に、ラップをやってるときには気付かなかった、言葉の可能性みたいなものを教えてくれる人たちがいっぱいいたので、オレとしてはそっちの方がおもしろくなっちゃった。で、見よう見まねで、彼らのいいとこ取りを始めたんだよね。

―― では、ポップミュージックに回帰したターニングポイントは何だったのでしょう？

いとう レキシのファーストだよね（二〇〇七年の『レキシ』収録、「歴史ブランニューデイ」）。あそこで、池田（貴史）がオレにラップをやらせたんだよ。あいつは、オレのことをよく知ってるから、やりたがらないのをわかってて、あえて。

――「せいこうさんと言えばラップでしょ」みたいな。当時、全然やってないのに。

いとう　いじりでしょ、いじり（笑）。で、「しょうがねえか」って、いざやってみたらつるっと録れちゃった。本当に二回くらいで。だから、あれはいい感じに肩の力が抜けてるんだよね。なぜかと言うと、レキシってノベルティじゃん。ファンクへの本当の理解がない日本で、だからこそあえて精度の高いノベルティをやることにしたのがレキシなわけで。

――しかも、歴史ネタの。ノベルティ、ラップ、歴史ネタ。実はあそこにせいこうさんのキャリアが集約されている。

いとう　そのとき、「あれ？　オレ、ラップできるな」と思って。そこから、真心（ブラザーズ）とやったり、DJ BAKUとやったり。

――あとは、□□□ですよね。

いとう　そう。バタバタってレコーディングが続いたんだよね。でも、それも、一回、言葉が自由になったからこそ、ラップも気張らずにできるようになったっていうことで。

――演説に関しては、ホームページに連載していた父上・伊藤郁男さんの自伝で、彼が演説を聞くのが趣味だったことを知り、「ここ数年、私は日本語でのラップを単に八〇年代中盤以降のアメリカからの輸入文化として見ず、明治時代以降のあらゆる演説の歴史の延長としてとらえる考えを得、それを率先して実行していたつもりだったのである。だが、それを父の嗜好の遺伝とみてしまえば、私の考えは目新しくも何もない。果たして〝カルマ〟とはなんであろうか」と書かれていましたね。

いとう　あと、父親はよく詩吟を詠っていたから。やっぱり、血のなかにあるのかもしれないね。

――日本の語りの伝統を遡っていったことは、今、ラップをやっている上で役立っていますか？

いとう　それが、ものすごい役に立っちゃってさ。何だろうね。無闇な説得力があると思うんだよ。でも、過去の文脈にこう結びつけて……とか、いちいち分析的にはやってなくて、オレはオレのやり方で、「まぁ、これもラップになるのかな」ぐらいの気持ちでやってるのがいいのかもしれない。何より、楽しいから。あと、□□□の「ヒップホップの経年劣化」を『フリースタイルダンジョン』でやったときに、「オレはオールドスクールだから」ってちょっと自虐的に言ったことが誤解を生んだかもしれないんだけど、あれって、全然、オールドスクールの乗せ方じゃないんだよ。当時、あんなオフビートはない。オレとしては、今はまた、決まったリズムのサイズのなかに、脚韻を入れながら乗せていくことが嫌になっちゃっていて。「ヒップホップの初期衝動」のときは、結構、ホップして乗せてるでしょう？　それは、久しぶりにストレートなヒップホップをやるっていうことで楽しかったんだよね。でも、その後、「経年変化」のレコーディングのとき、（□□□の三浦）康嗣に「オレ、もう普通なのは嫌なんだよね」って言ったら、「クリックだけ出すから、その上でやってくれ」ということになって。で、四小節、八小節といった区切りをなるべく考えないようにして、パパパパパ、パパパパパと言っては止まる、みたいなことを、パフォーマンスのようにやったわけ。ほぼ無音のなかでね。それを康嗣が切り貼りして、さらに上からドラムを叩いてもらったりして。つまり、あそこでは、オレがやってきたオンビートとオフビートの表現が混ぜ合わさってるんだよ。あんな乗せ方、実は他にないと思うんだ。

――ルーツの探求、オフビートの発見、オンビート＝ラップの再発見を経て、今はそれらがミックスされた独自のスタイルになっていると。

いとう　オレとしては、『フリースタイルダンジョン』の収録で、みんなのライヴを観ていて、心の中で、自分もやりたいなと思ってたわけ。やっぱり血が騒ぐんですよ。そうしたら、それを察したZeebraが「やりますか？」って言ってきて、「やるやる！」って即答して。で、そのときに、もし「東京ブロンクス」をやってたら、日和った形になったと思うんだ。「ヒップホップの初期衝動」でもわかりやすくオールドスクールだからダメ。そこは、ラッパーとしての自分を全く知らない人たちのところに出て行くっていうアウェイの場で、一番わけのわからない乗せ方を見せて、しかも、客を掴みたかった。だから、あれは二重、三重にチャレンジングなライヴで、すごい緊張したよ。

――ちょっと前に、KOHHと一緒のイベントにも出ていましたよね。

いとう そうそう。お客さんは、言ってみりゃみんなKOHH目当ての若い子だから、オレのライヴのときはポカーンとしてるんだよ。おもしろいようにアウェイ。でも、そういうの嫌いじゃないんだよね。

――〝レジェンド〟みたいな扱いになるよりは。

いとう それって、格好悪いじゃん。やっぱり、自分にとって新しいことをやって、そのおもしろさを何とかわからせたい。だから、『MESS/AGE』を作ったときと同じ気持ちだよね。

「鎖国はするな！」

――ただ、せいこうさんの表現は〝ラップ〟という枠に収まるものではないですよね。一方で、『フリースタイルダンジョン』に出てくるようなラッパーたちのなかには、「ラップだけが人生だ」と思っているような人たちもいる。あるいは、彼らは、日本語によるライミングに関しても、せいこうさんが批判的にアプローチしてきたのに対して、ある種、愚直に突き詰めたからこそブレイクスルーしたようなところがある。そういった価値観の違いについてはどう考えますか？

いとう　だからこそ、『フリースタイルダンジョン』では、「こんなのもあるんだけど？」みたいなことをちょこちょこコメントに入れてみたりしていてさ。『源氏物語』の頃も、返歌って言って、フリースタイルバトルみたいなことをしてたんだよ」とか。ただ、そこはあんまり教師っぽくならないようにしてるというか、まぁ、単に思い付くから言ってるんだけどね。でも、やっぱりヒップホップだけを聴いてヒップホップをやると、痩せ細っちゃうと思うんだよね。だって、ヒップホップって、クール・ハークたちが発明した、あらゆる音楽を入れることができるとんでもない〝器〟なわけだから。その、元々持っていたよさは活かしたいなって。ヒップホップをやっていても、全然、違う音楽が好きだって構わない。ギターサウンドばかり聴いてたっていい。むしろ、そういう子が、ヒップホップをやったときにこそ、新鮮なものができる。そういう、自分が最初に感じた、「ヒップホップって何て自由なんだろう」「ヒップホップって何て格好いいんだろう」という部分に関しては、頑固なほど言っていきたいんだよね。

――まず、今、〝ヒップホップ〟という言葉自体、あまり使われなくなっていますよね。

いとう うん、〝ラップ〟だよね。

――ヒップホップというものはある種の思想だったわけですが、その要素のひとつだったラップという言語表現が、いつの頃からか独自の歴史を歩んでいるのではないでしょうか。

いとう もちろん、オレだって、『フリースタイルダンジョン』に出てくるラッパーたちの乗せ方とか、単語の繋ぎ方とかに、いつも刺激を受けてるよ。聴きながら、「うわ、そうくるのか」って。「どうやれば、あんなことができるんだろう?」と思って、頭のなかでちょっと練習してみたり。それって、オレが今また、改めて自転車の乗り方を習おうとしているということなわけね。彼らが使っている、ものすごいエンジンを搭載した最新の自転車の乗り方を。で、それはとても愉快なことだよね。だって、できない時期が一番豊かなんだもん。「ああすればいいかな?」「こうすればいいかな?」って、試行錯誤しながら、アイデアがどんどん湧いてくる。できた後って、そんなに大したことないよ。だから、そんな気持ちにさせてくれる『フリースタイルダンジョン』はいい仕事をもらったと思うし、いつも収録に行くのが楽しみ。

――日本の語りのルーツを探求されていた時期も長いと思うんですが、今、アメリカのラップミュージックに関してはどう思われているのでしょうか？

いとう アメリカのヒップホップをそのまま真似しなくてもいいのに、っていうのは今でも思ってるよ。だから、審査員をやるときはいわゆるヒップホップっぽいファッションじゃなくて、三つ揃えで出て行ってるし。あれは、「これでもいいんだよ」っていうメッセージなわけ。でも、ファレルのファッションを見ると、「あー、こういうことオレもやってたのにな――！」「今、また出してくるかぁ。くそー！」と思うし、ケンドリック・ラマーのグラミーのステージもすごかったし……。

――あそこで、彼はまさにアフリカンアメリカンの歴史と、現在のラップミュージックを繋いでみせましたよね。

いとう そう。本当はああいうことをやる人が日本で先に出てきてもよかった。そう言えば、この頃、マッドリブばっかり聴いてるんだけど、彼は絶対、『MESS/AGE』を知ってるよね？　そんなふうに、世界中でカードの出し合いをするのが楽しいじゃん。「ロンドンからはこういうの出たかー」とか。なので、日本からも、他の国が驚くようなスタイルが出てくる可能性が全然あるわけで、早く見たいよね。だから、「鎖国はするな！」と言いたい。

――ルーツは探求しても、鎖国はしない。

いとう　そう。過去にも帰ることができるし、未来のどこにでも行くことができる。明治時代のバイオリン演歌が聴こえてくることもあるし、アフリカ・ドゴン族の儀礼の音が聴こえてくることもある。それぐらい、ヒップホップは自由なんだよ。

――そして、ポップミュージックの最前線であり続けている。

いとう　不思議じゃない？　どれを聴いても、ある程度は同じくらいに聴こえるくらい、決まりごとの多い音楽だよ。でも、人の心を動かすっていう。この間、国境なき医師団の取材でハイチに行ったとき、現地に派遣された看護師で、フランスで生まれて、インドシナで結婚して小さな子供が二人いるっていう女性に会ったんだけど、ちょっとしたパーティーのとき、今どきのヒップホップがバンバンかかるわけよ。iPhoneから。で、その子供が喜んでわーっと踊るんだ。「この幼稚な音楽は、何でこんなに強いんだ」と思ったよね。やっぱり、『マザー・グース』みたいにAABBCCDDで韻を踏む気持ちよさは、子供にはわかっちゃう。ある意味で危ないことだけどね。子供に砂糖をあげちゃうみたいなもんだから。でも、見ていて、「これは敵わないな」と思ったね。

――世界中で、ヒップホップが浸透していない国はないですよね。もしくは、北朝鮮くらいかなと思っていたら、潜入したカメラマンがヒップホップダンスの練習を撮っていたんで、「あるんだ！」って。北朝鮮にあるのなら、本当にどこにでもあるんでしょうね。

いとう　本当だよ。すばらしいね。いまだに、「日本語でラップをやることは無理だ」って言ってる人たちがいるでしょう？　でも、その人たちは日本とアメリカしか見てない。日米関係のなかでしかものを見られない人たちだよ。フランスでも、パレスチナでも、マレーシアでも、みんな自分たちの言葉で、ラップしてる。だから、逆に言うと、日本語でやらないことの方が不自然なんだよ。

二〇一六年四月二七日、浅草観光センターにて収録

第2章　シーンを導く表現技法

Zeebra（聞き手＝佐藤雄一）

「高校生ラップ選手権」と『フリースタイルダンジョン』ができるまで

――二〇一五年の九月から放送されてる『フリースタイルダンジョン』のオーガナイザーでもあり日本語ラップシーンを牽引してきたZeebraさんに、きょうは『フリースタイルダンジョン』に至るまでの道のりと、POSITIVE VIBESからはじまるZeebraさんの表現の歴史についてお話を伺っていければと思っております。

Zeebra　まずね、一九八八年からMTVで『Yo! MTV Raps』っていう番組がはじまって、それがものすごい事件だったんですよ。一九八〇年代のなかごろから、MTVがアメリカの文化の中心なんじゃないかと思わされるぐらい、とにかく家に行くとみんなMTVを観てるっていう状況があったんです。もちろんそれ以前もヒップホップ自体はあったし、感覚の鋭い人はチェックしたり実際にやったりしてたんですけど、当時はヒップホップのPVなんてほとんどなくて、あったとしてもいまみたいにYouTubeでみれるわけじゃないから全然知られてなかった。そういう流れのなかで、MTVにラップ専門の番組ができたことでアメリカ全土に知れわたることになったわけです。そして、それがまわりまわって日本に入ってくるようになった。

だから俺も当時からずっとヒップホップをメディアに乗せることの大切さを感じてました。ヒップホップは、成り立ちからつくり方、どこをどうやって楽しむかっていうところまで、他の音楽とは全然ちがうから、それをわかりやすいように表現していかないとひろがるわけがない。まさに俺がPOSITIVE VIBEをやっていた八〇年代後半に『Yo! MTV Raps』がはじまって、その重要性を実感したから、自分自身もこれまで一回も臆さず、メディアに積極的に出ていくようにしてるんです。

ただ、アメリカは国土がデカすぎてすべてに電波が届かないからケーブルをひくしかないっていうことで、ケーブルテレビが普及して、MTVとかVH1みたいな音楽専門チャンネルが若者のカルチャーの中心としてアメリカ全土にひろがっていったけど、そこが日本とはもう全然ちがうところなんですよね。当時から日本にもMTVとかスペシャ（スペースシャワーTV）はあったけど、それだけでは全部にひろがらなくて、やっぱり民放に出ることの意味はあるなって思ってました。それこそほかのミュージシャンの方でも、テレビに出たくないっていう人たちがたまにいるじゃないですか。そういう人たちの気持ちももちろんわかるんですけど、やっぱりそういうところに出ていかなきゃ楽しさをわかってもらえない。

だから、まずはそれをわかってもらうための番組をつくりたいと思っていて、『シュガーヒルストリート』（二〇〇六年一〇月—二〇〇七年三月、日本テレビ）をつくったんです。あれはまさに『Yo! MTV Raps』的なものを目指したものでした。『シュガーヒルストリート』をつくった当時は、ある意味日本のヒップホップ自体が冬の時代っぽくなっている時期で、そのタイミングで無理矢理やったので本当にやりたいことをやって終わったっていう感じでした（笑）。ある種「伝説の番組」みたいな言われかたもちょっとしたけど、初回からDEV LARGE（R.I.P.）と俺の対談をする、みたいな濃ゆーい番組をつくっちゃったので。まあ、とにかくヒップホップ文化をひろげていこうっていう意識は強かったんです。

――そういった意識から「高校生ラップ選手権」や『フリースタイルダンジョン』をはじめることになるわけですね。

Z　そうなんです。『BAZOOKA!!!』（二〇一一年一一月―、BSスカパー）がはじまって、どうやらここはスポンサーがいないらしいからなんでもいえるらしい、と（笑）。なんじゃそりゃって感じだけど、いろいろな意味で窮屈な今の時代において、すごい画期的な番組だと思うんですよ。それで、たまたま同じ事務所の（眞木）蔵人が司会をやることになって、しかもスタッフのなかに、むかし俺に一年間ぐらい密着して取材してくれた人がいたんです。彼は俺に密着してるうちに気がついたらB-Boyになって、最後にはゴールド・チェーンしてたような人なんですけど（笑）、『BAZOOKA!!!』はいろいろと変わったことができるからヒップホップもガンガン推していきたいって思ってたらしくて「音楽関係の企画をやるときはヒデさん（Zeebra）に声をかけたいです」っていってくれてたんですよ。あるとき、打ち合わせを兼ねた飲み会にいったら「高校生でバトルをやったらどうかな？」っていう話になって、実際にやってみたら思っていた以上にみんながしっかりバトルできていたので「これはいけるぞ」と思ってやりつづけるうちに、どんどん規模が大きくなっていった感じです。

「高校生ラップ選手権」をつづけていくなかで、T-Pablowみたいな「一〇年に一組の才能だな」って感じるやつが出てきた。それで速攻で契約したんだけど、そのときもう一八歳だったから「高校生ラップ選手権」に出られなくなる歳だったわけ。そのときに、UMBとか大きなバトルイベントはもちろんあるけど、「高校生ラップ選手権」であれだけ大きなステージを与えられて夢を見た子たちが、卒業した途端にその先につながるものが何もなくなっちゃったらダメだし、それがメディアとしてないっていうのは問題だなと思って。つまり、甲子園だけで終わっちゃしょうがないから、プロ野球つくんなきゃなっていうことですよね。それで、一昨年ぐらいからその企画についても考えてたんですけど、そのときにちょうど藤田（晋）くんから「サイバーエージェントで持ってるテレビ番組の枠があって、ここに「高校生ラップ選手権」持ってこられないですかね？」というような連絡があったんです。以前から「高校生ラップ選手権」を民放に持っていきたいとも思ってたんですけど、それはやっぱりなかなか難しくて、『フリースタイルダンジョン』をはじめることにしました。藤田くんはそれこそ『シュガーヒルストリート』とかもスポンサーになってくれてたんですけど、今までのヒップホップに対する支援は全部藤田くん個人でやってたんですよ。なんていうか、サイバーエージェントという会社のビジネスとしてヒップホップをやるというのはやっぱり難しいというか。だけど今回「サイバーエージェントの枠で」っていうふうに彼が言ってきたっていうのは、つまり「今だったらMCバトルを民放でやっても絶対にいける」っていう藤田くんの判断があったからなんですよ。それは完全に社長としての藤田くんのビジネスの才。

それで、俺も「待ってました」っていう感じで、たまたま以前イベントのためにつくってあった企画書をまずは出してみたんです。そのタイトルが「フリースタイルダンジョン」。イベント用だったし内容は今とちがうものだったんだけど、テレビ屋さんもふくめてミーティングをしていくなかで「テレビだったらもうちょっとゲーム性があったらいいね」ということになって、「それだったらもうちょっと「フリースタイルダンジョン」っていうタイトルに寄せたつくりにするのはどうですか?」っていうことを提案しました。そこから方向性が定まって「RPG的にモンスターを倒すようなかたちにして」とか決めていって、その流れで「ラスボス」っていうワードが出てきて、「ラスボス」だったら般若だろう、と。かいつまむと、そういうふうにしてできあがっていった感じです。

――今般若さんのお名前が出ましたが、モンスターのみなさんはメディアを非常に意識して振る舞っているような印象を受けます。特に般若さんや漢さんは、二〇〇〇年代初頭

では考えられなかったようなキャラクターの変化を感じます。

Z　ちょっと話が逸れるけど、ここ何年かの日本のヒップホップシーンって地道に成長しつづけてきたんだと思うんですよ。最近は大きなハコが埋まるようなヒップホップだけのイベントってあんまりなかったんだけど、たとえば俺が一昨年（二〇一四年）にはじめた「SUMMER BOMB」っていうイベントも去年はソールドアウトできたし、今年（二〇一六年）はさらに大きいところでやろうと思ってて。「SUMMER BOMB」で意識してたのはまさに、中堅どころから若手まで全部ひっくるめて、いろんな意味で現在のシーンのリーダーであるような連中に出てもらうことだったし、今はみんな自分たちで引っ張っていかなきゃって思ってるんですよ。

『フリースタイルダンジョン』に出てるみんなもその点にかんしては同じで、審査員もふくめ、みんな何かをしょってる人たち。俺だったら「GRAND MASTER」があって、般若だったら「昭和レコード」、漢だったら「鎖グループ」っていうふうにみんな社長でもあるわけだし、それぞれそういうところはしっかりしてるし、それなりの責任感もしょってるんだよね。そうじゃないとあの番組は成立しない。だから昔の「B BOY PARK」のMCバトルで漢や般若が出て大暴れしてたころの審査員側の意識なんじゃないかな。漢だって「KING OF KINGS」もやってるし、主催者側の意識というか。

――プレイヤー兼主催者である、と。

Z　そうそう。だから、大人になったって言っちゃったら簡単なんだけど、彼らは作り手だから「ここまでは当たり前だよ」っていう意識でやってるんだと思う。もちろん、だからといって、たとえば般若が昔から大嫌いな「なあなあ」の空気とか、そういうものは全然ない。般若は相変わらず何かあるとすぐ電話してくるし。「あのー、何々なんですけど、あれはちょっとキツいと思うんすよね」とか（笑）。だからヒリヒリした空気感のうえで、みんなが自分の立ち位置とか、ポジションを意識して全うしてるっていう感じです。

――『シュガーヒルストリート』はヘッズのための番組という感じだったと思うのですが、一方『フリースタイルダンジョン』はヘッズじゃない人もたくさん観ているという印象があります。ゴリゴリのヘッズじゃない人たちも巻きこんでいくための作戦など、具体的にお考えになっていることはありますか？

Z　まず、やっぱり生じゃないし歌詞を字幕にして出したほうが絶対いいっていうのは最初から考えてました。韻を踏んでる場所がどこかわかったほうがおもしろいと思うし、っていうふうにミーティングでも伝えて。『フリースタイルダンジョン』をはじめて、「ラップって実はこんなに高度なことやってたのか」って反響がとにかく多くて、とにかくそれが嬉しかったですね。最近「韻を踏む」っていろんなところで言われてるけど、実際は

「韻を踏む」ことがどういうことなのがわからないで言ってる人がほとんどだと思うんですよ。でも、字幕を出したことによって、韻を踏むっていうのはこういうことなんだっていうのが伝わったと思う。だから、審査員コメントとかRecの振り返りの回とかも、そういうつもりでやってます。見てる人は「なんでこっちが勝つの?」って思うときもあるだろうし、そのロジックは説明されないとなかなかわかんないと思うんですよ。だからR－指定なんかも「バトルの勝敗のロジックを説明していきたいですね」って最初っからいってたし、そういう場をつくろうとみんなで考えていった面はありますよね。

――非常に教育効果のある番組ですよね。

Z そうですね。あとは、狙ってたわけじゃないけど今の時代にうまくハマっちゃった面もあるんじゃないかと思ってて。今ってSNSとかネットを使うのが基本になってると思うんですけど、一方で、ちょっとしたことですぐ炎上するじゃないですか。正直俺は結構よく炎上するんだけど、そもそも昔から、たとえばプロフェッサー・グリフが反ユダヤ的発言をして大問題になったりしてて、それが正しいか間違っているかは別としても、批判を恐れずに発言するのがヒップホップなんですよ。だけど特にSNS上では「ことなかれ主義」で発言するのが賢いっていう判断が今では一般的になってて、それって正直窮屈だし、実際にみんなも実は窮屈に感じてると思うんですよ。だって、五年前のTwitterと今のTwitterでは、絶対今のほうが窮屈だから。みんな言いたいことが言えない、ディスりたくてもディスれないみたいな感じになっているなか、テレビでラッパーが汚い言葉使ってバンバンディスりまくってるのを観るのが実は気持ちいいんじゃないかなっていう。

―― しかも、技術的にもうまい。

Z　そうそう。うまいこと言ってディスるおもしろさもあるし。だから、そういうところが今の世のなかにハマったんじゃないかなと思うんですよね。

進化／深化する表現とラップシーン

―― ここからはZeebraさんのご活動を振り返りながら、日本語ラップの表現とシーンの変遷などについても伺っていければと思います。Zeebraさんは POSITIVE VIBE 時代、英語でラップされてたと思うんですが、日本語でラップするようになったきっかけをお教えください。

Z　当時、俺らが日本語ラップする前にも日本語で韻を踏んでる人はもちろんいました。いとうせいこうさんとか近田春夫さんとかがそうですよね。ただ、今の言葉でいえば韻が柔らかかったんです。それに対して俺は、アメリカのラップの韻はもっと固いし、日本語だとちょっとちがう感じに聴こえるな、と思っていたので英語でやっていたんです。でも、Kダブ（シャイン）が固い韻を日本語で踏んでいて、日本語なのにちゃんとラップしてんじゃんと思ってやってみたのが一番はじめのきっかけですね。

――リマスターで出た『空からの力：20周年記念エディション』（二〇一五年）に入っていたキングギドラの初期のデモを聴くと、九〇年代初頭のファーサイドなどのような、わりとファニーなスタイルだったかと思うのですが、それがファーストアルバムになるときにシリアスな雰囲気に変わっていったのはどういう背景があるのでしょうか。

Z　はじめは自分の興味の対象がアメリカのヒップホップだったから、たとえば俺がアメリカにいってラッパーとして活動するとしたらどういうスタンスを取るかまず考えたんです。べつに今から向こうにいってギャングに入る気もないし、と思って、ファーサイドみたいにクリエイティブでちょっと悪くておもしろい感じがちょうどいいかなって思ってやりはじめた。でも日本でキングギドラというグループとして活動するようになって、まわりを見渡してみたらB-Boyスタンス的なところまでガチガチにやってるやつらがあまりいなくて、「日本のなかでは俺らって結構ハードだな」っていうふうに思った。この層に向けて日本語でラップするんだったら、もうちょっとそういうストリート的なスタンスでやってもいいんじゃないかなと思ったのが、『空からの力』みたいなシリアスな雰囲気になっていった経緯ですかね。

――たとえば英語詞における韻や強弱という、日本語に置き換えづらい部分を表現するうえでどのようなことを意識されていましたか？

Z 俺の場合は、はじめから譜割り大前提で歌詞を書いていくんですよ。思った言葉をふわっと書くとかは一回もやったことがないし、こういうふうにラップするっていうことを決めてから歌詞を書いていくので、そのフロウにリズミカルにハマる言葉を見つけるまでは先の歌詞も書かないです。だから、俺のなかではたとえば字余りとかはまったく許されない。

――韻律に注意しながらZeebraさんのリリックを読んでいて、すごく興味深かったのは「空からの力 Part2」（『空からの力』所収）の「頭相当にフラフラ 眩暈しそうでクラクラ／だけどライムならスラスラ出てくる理由」というラインや、「コードナンバー 0117」（同前）の「ブツブツ言う奴一人ずつ撃つ」というラインです。つまり「フラフラ」「クラクラ」などの同語反復の部分です。日本語の韻律は基本的に偶数律で、最終的な基本単位が二モーラ（二音節）だと言われていますが、「フラフラ」などの同語反復は二モーラにもハマるし、強弱もつけやすいという印象です。そのあたりのことを、当時のZeebraさん

は言葉への感性でたぐりよせてきたのかなという気がしました。

Z　そのときは、たとえば「二小節のなかに何回踏めるか」っていうことをすごく意識していたと思います。だから二文字の韻が何回も出てくる、みたいなことが多かったかもしれないです。特に「ブッブッ言う奴一人ずつ撃つ」は「ブッブッ」と「ずつ撃つ」で韻を踏んでるし「ずつ」「撃つ」でも踏んでるっていうような感じで、とにかく細かい韻をいっぱい入れたいって思ってました。

――そういった部分は、Kダブシャインさんの踏み方とはすこしちがうところでもありますよね。

Z　そうですね。俺は韻を細かく踏みながら、できるだけ変幻自在にフロウするけど、Kダブはドッシリと構えて意味のあるライムをしていくっていうか、ケツでしっかり踏んでいくっていう感じかな。だからイメージで言えば、たとえばウルトラマグネティック・MCズ（Ultramagnetic MC's）だったら俺がクール・キース（Kool Keith）で、Kダブがセッド・ジー（Ced Gee）。パブリック・エナミー（Public Enemy）だったら俺がフレイヴァー・フレイヴ（Flavor Flav）でKダブがチャック・D（Chuck D）、ラン・D・M・C（Run-D.M.C.）だったら俺がRunでKダブがD.M.C.みたいな感じ。

――同時にデリバリーもすごく複雑で、たとえば「見まわそう」（同前）の「超常現象」という部分は、一拍目と二拍目をはずしてますよね。

Z 実は最近まで全然考えたことがなかったんだけど、それって譜面に起こすと休符になるってことにようやく気づいて。俺は普通に「二拍目から歌う」っていうふうに考えてやってるんですけど、このあいだ小室（哲哉）さんと作業してたときに指摘されてはじめて気がついた（笑）。二拍ぐらい待ってから歌い出すとちょっと余裕な感じが出るんですよ。で、逆に拍に対して食っていくのはガツガツいくような感じ。だから曲調によって使いわけてます。

――たとえば今はミーゴス（Migos）などのように休符を多用しているラッパーも多いですよね。

Z だからケンドリック・ラマーもしかり、若い子たちは進化していってるように思うのかもしれないけど、むしろどんどん当時のマセマティカルなラップの時代にもどっているような気がして嬉しい。

――『空からの力』では非常に複雑なライムとフロウを駆使していたZeebraさんは、その後「真っ昼間」（一九九七年）など、小節の結で韻を踏んでいくシンプルなスタイルに変化していったように思えます。その背景にはどういったお考えがあったのでしょうか？

Z　一九〇年代の中頃から、USではビギー（The Notorious B.I.G.）やナズ（Nas）が一気に出てきてハスラーラップが台頭していって、スキル重視のラップから、生き様を重視する方向に流れが変わっていった。つまり、いろんなところで細かく韻を踏むというよりも、ケツで韻を踏んでもいいから何を言うかっていうことが問題になっていった時代だったっていうことがあるかな。

――同時に「真っ昼間」は、ある意味でお手本を示した曲というイメージもあります。

Z　当時よく言ってたんですけど、まず教科書的なものをつくろうとしてた。ギドラの結成が一九九三年で、そのときはラップ＝スキルの戦いだったから、どれだけ新しいデリバリーとか変わったフロウをできるかっていうことが重要だった。だからそこで一番テクニカルなラップをしてやるぜ、って思ってやってたわけ。でも、それがある程度認められて、その点にかんしては伝わったなっていう自負もあったし、「真っ昼間」はメジャーデビューの曲でもあったから「ラップとは何か」っていうことをわかってもらえるようなものをつくらなきゃと思って、あの曲はできたんです。

――一方で、「Grateful Days」（一九九九年）ではKjさんは基本に忠実なラップをしていると思うのですが、Zeebraさんはたとえば「渋谷　六本木　そう思春期／も早々に　これにぞっこんに」という部分など、非常に複雑な技術を使っておられます。

Z　それにかんしてはなんの影響かというと、実はノリエガ（Noreaga）の影響なんですよ。ノリエガってすごいクセがあるじゃないですか。それをオリコンのチャートに入るような王道の曲にして聴かせるっていうのが狙いだったんです。正直あのとき、あの瞬間だけは何をやっても売れただろうし、逆に売れづらそうなものを出そうと思ってあえてスカスカのビートで、ラップじゃないとできないような楽曲をつくろうと思ったんですよね。

――それこそUSのリズムとか技術を翻訳しつつ、かつ、必ずZeebraさんのフォーマットに落とし込んで王道として出しているところが、改めてすごいなと思いました。たとえば「フリースタイルダンジョン」（『空からの力』所収）はホラーコアを翻訳して昇華した一曲だと思います。

Z　九四年頃はホラーコアが一番ホットで、ラップがうまい連中がどんどんそういうフロウをするようになっていったんですよ。メソッド・マンの影響とかが強かったのかなと思うんですけど、USのアンダーグラウンドにもそういうラッパーが増えて、狂気を表すような感じで流行ってたのがおもしろかったから取り入れてた感じです。それに、たとえば日本で「ガン＝銃」って言ってもその言葉の持つリアリティがUSとは全然違うけど、そういう意味ではホラーコアの持ってるテーマとかリアリティは日本もあまり変わらないから、そのことも意識してやってたかな。

――それと関連した話で言えば、ラップにおけるリアルとフィクションの境目というのは、どのようにお考えですか？　ＵＳのギャングスタラップでも本当のことだけを歌ってるわけじゃないですよね。一方でヤンキーに届く生々しさもあって、たとえば「罠 feat. OJ & ST」（『BASED ON A TRUE STORY』［二〇〇〇年］所収）だったら誰に誘拐されたのか？というような（笑）。でも、リアルだと。

Z　ははは（笑）。うん、まあ、そうなりますよね（笑）。基本的には、自分のまわりで起こりうるようなことをラップすることは意識してます。たとえば「罠」だったら、別に実際にさらわれたわけではないけど、「ここで一歩間違えてたら全員さらわれてたんだな」っていう本当に危なかった場面はあったし、「CHILDREN'S STORY」（同前）はほとんど本当にあった話をつなげてできてるようなところがある。実際にビルから隣のビルに飛び移ろうとして落っこちて死んじゃった人がいたりだとか、図書館でドラッグを売りさばく話も本当にあったし。いろいろな話を混ぜて、フィクションだけどフィクションじゃないような話にしてるという。だから、セカンドアルバムの『BASED ON A TRUE STORY』っていうタイトルがまさに「真実に基づいたストーリー」なんだけど、いろんな真実の欠片をあわせてフィクションをつくりあげてるんだよね。それぞれの欠片は真実だから、リアリティを帯びるのかなと思う。

――それぐらいの時代から強面な方面の曲もやる一方、安室奈美恵さんや加藤ミリヤさんと一緒にやったり、「Perfect Queen」（二〇〇三年）のような曲もあって非常にヴァリエーションが多く、同時につねに王道をいっているという印象があります。さまざまな曲をやりながら一貫させるためのメソッドのようなものはありますか？

Z　なんていうか、日本でヒップホップをやるにあたって〝硬派〟／〝軟派〟っていう言葉がすごく邪魔するなと思った時期があるんですよね。ハードコアなヒップホップだったら〝硬派〟で、女には目もくれないみたいな。USのギャングスタラップは女見つけたら色目使うけど、日本はそれを分けたがるよね。だからそもそもラッパーなんて女受けしてなんぼだと思ってたから、常に両方に受けるようにやってたかな。

――Zeebraさんは一貫して海外のシーンだったらどうかっていうことを日本のなかで考えて活動なさっているということだと思うのですが、たとえば、逆に海外で聴かれたときにどう思われるかということは意識なさっていましたか？

Z　俺とKダブは英語喋れるけど、そのことと日本語ラップのよしあしっていうのは別の話で、英語を入れればかっこいいっていうのもちがうだろって思ってた。だから、あえて英語をまったく使わずに、それでもかっこいいラップができるっていうことを証明したいと思って『空からの力』とか『THE RHYME ANIMAL』（一九九八年）をつくってたわけ。それが完全に証明されて、日本語の韻というものの認識もひろまっていったし、日本語ラップを世界の人たちも少しずつ聴いてくれてるっていうことがわかってきて、すこしだけ英詞を入れたりするようになった。

たとえばFUTURE SHOCKのみんなで初めて韓国にライブしに行ったときに思ったんだけど、俺も向こうの曲聴いててもさっぱりわからないんですよ。でも、サビのなかにちょっと英語が入ってると、何言ってるかわかる瞬間があって。ちょこっとでも自分の言葉が出てきたらホッとするし、「あ、こういうこと言ってんだ」っていうのがわかると思うんだよね。あとは単純に、英語と日本語で韻を踏むのがおもしろかったっていうのもあるけどね。

―― そういうご経験を経て日本語のわからない人が日本語ラップを聴いたときどう思うだろうかという意識も出てきたと。ちょっとずれますが、昔『MTV Jams』（MTVジャパン）か何かの番組で、ナズが日本人のラップをいくつか聴いてどれが一番しっくりくるか訊かれたときに「言葉はわからないけどZeebraのやつは踏み方、リズムの取り方が一緒だ」ということを言ってたのを思い出しました。

Z それは嬉しいですね。たぶんね、日本語でラップするうえでいくつか罠みたいなものがあると思うんだよね。これまでの日本の歌の作り方って、基本的には歌詞がはじめにあって譜割りがついていくというか、別々につくられてメロディにはめていくっていう作り方がある。俺もそういう仕事やったことあるからわかるんだけど、やっぱりそこからは完璧なラップは絶対に生まれないですよ。だって、リズムが大切なのに譜割りと言葉が別々になってたら絶対できないから。歌を作るときはどうしても歌詞をそのままにしたいから、「♪なんとか〜、ああ〜」って語尾を伸ばしたりするでしょ。「なんだよ、その「ああ〜」は。そこに二文字入れろよ」とか俺は思うわけ。

――たとえば「Perfect Queen」(二〇〇三年)はプロポーズの歌っていう明確なテーマがあって、それこそ歌詞が大事な曲だと思います。先ほど、譜割りを先にお考えになると仰っていましたが、リリックのために譜割りを変えるということはないんですか?

Z たとえば頭からケツまでの譜割りが全部決まっているわけじゃなくて、だいたい歌い出しの四小節ぐらいを頭のなかで作って五小節目までの流れができたところではじめて書き出すっていうのが普段の作り方なんです。だから、その先どういうふうに流れていくかは順々に考えていくから、もちろんその都度ちょっとずつ変わっていくところはある。

――譜割りの話で言うと、サウスの流れもあって、最近のラップって譜割り最優先みたいになってきていますよね。USのトラップ系や最近の英語のようなフロウの日本語ラップでおもしろいと思うものはありますか？

Z　正直な話、USのものに関してはビックリすることはあんまりなくなったかな。ケンドリック（・ラマー）はちょこちょこ「うわ、そこそんなに詰めますか、エグッ！」って思うことをやってくるからおもしろいけど。でも、むしろそういうものを今日本人がどうやって消化していってるかっていうことのほうがおもしろいよね。手前味噌になっちゃうけど、グランド・マスターから出ているEGOの『LIVE LIFE』（二〇一六年）は超いい、おもしろいと思うよ。あいつは和製ドレイク（Drake）だね、USの流れを完全に消化してる。あと、今の新しいヒップホップのいいところはファッショナブルなところだよね。新しいラップにトライしてる連中はみんなファッションも新しくトライしてて、T-PABLOWとかウィズ・カリファ（Wiz Khalifa）が何を着てたとか、そういうことに超敏感だし誰のフロウがどうとかいつもそんな話ばっかりしてて、若い世代がそういうふうな盛り上がり方をしてるのはすごくいいことだなと思う。

――「24bars to kill」（二〇一〇年）で「時にオンビート　時にオフビート　自由自在な

デリバリー　それが極意」とラップされていますが、オンビート／オフビートの使いわけという点はいかがですか？

Z　俺は今は昔よりもオンビートのおもしろさのほうがメインだと思う。九〇年代から二〇〇〇年代中頃ぐらいまでは、さっきも言ったけどハスラー系のラップみたいに、細かくスキルを見せていくっていうよりもすごいビートに全部オフで乗せてってリズム感的なところでヤバいと思わせるみたいなところがあって、俺もそういうのが大好きだった。でも俺もふくめ、最近はちょっとオンビートの傾向が多いよね、言葉詰めるとどうしてもズレていっちゃうから。『25 To Life』（二〇一三年）のなかだったらISH-ONEとやった「We Twisted Feat.ISH-ONE」では比較的言葉を詰めてオンビートでラップしてる。「Exit Feat. 福原美穂」は後ろに乗せてるけど、全体的にはオフビートの曲が減ったかな。オフビートは迫力とか情感を乗せやすいけど、やっぱりトラップっぽいビートは正直オンビートのほうがいろいろと遊べるしそっちのほうがハマると思う。

あと、最近のラップでいえば、今当たり前になってきたパターンで昔の俺だったらやらなかったっていうのもあって。たとえば「コカコーラ」だったら、「コカコーラ 見上げるそーら」とかはやんなかったんだよね。「空」は「そら」でしょ、「そーら」とか伸ばすのはちがうっていう。今は当たり前にみんな最後の二文字で「なんとかしただーけ 飲むさーけ」とかってやるし、俺もやるようになったよね。KOHH以降って言えるのかもしれないけど、どんどんいろんなものが進化してトレンドになって変わっていくっていうのがおもしろいよね。

『フリースタイルダンジョン』を抜けだしたその先に――

――今お話しいただいたように、Zeebraさんがシーンを先導されてきたという面も大きくあるかと思います。それを受けて最初の話に戻るのですが、『フリースタイルダンジョン』が盛り上がってきて、日本語ラップのシーンをどういう方向に持っていきたいかなど、今お考えになっていることをお聞かせください。

Z たとえば「高校生ラップ選手権」が盛り上がったときに「このままだと、みんなのいく先がないな」って悩んでたように、『フリースタイルダンジョン』が盛り上がって今悩んでるのは、「なんだかんだ言って盛り上がってるのはバトルなんだよな」っていう。それをどうやって「ヒップホップ」が盛り上がるようにつなげていくかっていうことなんだけど、それについて言葉にするのはちょっと違うかなとも思ったりしてて。「がんばってヒップホップを盛り上げます」みたいなことを言うんじゃなくて、みんながあっという間に盛り上がらなきゃダメかなって思う。俺は普段だったらこういうこと言っちゃうタイプなんですけど、今回ばかりは言わない方がいいかなと。

―― たとえばUSであればスーパーナチュラル（Supernatural）のように、バトルMCとしては最強なんだけどリリースアーティストとしては冴えない、っていう問題があると思うんですよね。そのあたりはどうお考えですか？

Z 昔はたとえばそれこそ般若や漢、KEN THE 390とかまで、あの辺はみんなMCバトルで名を馳せた時代で、本当にMCバトルで名を売るっていう感じだったらしい。今との違いは、当時はMCバトルよりもヒップホップ自体が大きくて、RHYMESTERやMUROくんとかがワーッと盛り上がって、そのなかにMCバトルがあるっていうかたちだったんだけど、今はMCバトルが盛り上がって、結果的にヒップホップが盛り上がるぐらいの感じになっちゃってる。それこそ今はMCバトルで目立ったやつがサクッとiTunesヒップホップチャート1位になっちゃう。今はもうその前提部分が変わってるから、スーパーナチュラルのころの感覚とは全然ちがうよね。もちろん「こいつの音源はイマイチだ」とかっていうことは聴いた人がジャッジすればいいことだと思うから。ただそういうやつもいるっていうことだと思うし。

「高校生ラップ選手権」にしたって、高校生あれだけデカいステージで人前に立ってラップできるっていうのは、あれ以外にないわけ。そうなると、これから出てくるラッパーは全員フリースタイルができるラッパーっていうことで、そのなかから音源がヤバいやつが出てくるっていう流れができてくると思う。まずはフリースタイルが多少はできないとダメみたいな空気になってくるんじゃないかな。「そんなの困るよ」って言うやつもいっぱいいると思うけど、俺は「じゃあ練習しろよ」って思うし、俺らも練習してきたし、今でもちょこちょこ練習してる。別に楽しい遊びなんだから、やればいいと思うけどね。それに、アーティストとしてデカくなったときに、やがてミュージシャンと絡むようになるから。そのときに生バンドでやりましょうって言って、バンドが勝手にジャムりはじめたときになんにもできなかったらつまんないよ～？っていう。

——小節も数えられなきゃと。

Z そうそう。そういうのもひっくるめて、フリースタイルができるに超したことはないからやったほうがいいと思う。俺も別にMCバトルが上手いわけじゃないし、上手かったらとっくのとうに『フリースタイルダンジョン』出て一〇〇万もらうよ、っていう（笑）。だから、上手い下手じゃなくてフリースタイルをやること自体がこれからのラッパーのマストになってくると思う。

——それこそ年齢的にクラブに行けない子どもたちがサイファーで集まっていたりして、子どもの遊びとしてもラップがあるような感じがしますね。ACEさんが言っていた話なんですけど、サイファーにも「高校生ラップ選手権」とか『フリースタイルダンジョン』効果で普通の子たちが来るようになってきてるそうです。

Z　本当にそうだと思う。それこそACEみたいに草の根運動をやりつづけてるやつは本当に偉いと思うし、そうやってできあがってきた土壌を、俺は俺の立場としてどれだけ外の人たちに大きく見せられるか、伝えていけるかっていうことが重要だと思ってる。俺なんてMCバトル界から言ったら外様みたいなもんだからさ。ただ「B BOY PARK」のMCバトルを作りましょうって言ったのは俺らだし、日本語でもフリースタイルができるはずだって練習してたのは俺らとかFG（FUNKY GRAMMAR UNIT）だから、もともと実践しはじめた側の責任感みたいなものがあるのかなと思うよね。

二〇〇九年の「B BOY PARK」でMCバトルを復活させたときもそうだし、『フリースタイルダンジョン』でも「オーガナイザー」っていう立場だけど、やっぱりそういう立ち位置に立って何かするっていうことが向いてるんだろうなって思う。全部を俺がやってるっていうわけじゃなくて、モンスター然り、誰かひとりが欠けたらバランスが崩れるなっていうところもあるし、みんなで作ってるっていう感じなんだよね。

――『フリースタイルダンジョン』をやっていくうえで、どんな苦労がありますか？

Z　一番苦労してるのはブッキングを担当してる博志（Zeebraのマネージャー）だと思うけ

ど、やっぱりYouTubeで使っちゃいけない音源が多いのが本当に大変。もう毎回DJ SN-Z（from OZROSAURUS）がすげえいっぱい曲のリスト挙げてくれるのに、ことごとくNGが出て、SN-Z超かわいそうっていう（笑）。「もう無理っす、俺」って一回言われたぐらいで、本当に申し訳ないと思ってて。だから、YouTubeはもう諦めましょうということでオフィシャル的には撤退した。

――一方でYouTubeが、それこそ今までヒップホップを聴いてなかったような人たちにまで人気を拡大させていたところもあると思うので難しいところですよね。

Z　そうなんだよね。だからオフィシャルには撤退したけどっていう感じで。ただ、テレビで「いっせいのーせ！」でみんなで観る感じも重要だと思ってるけどね。全部が全部オンデマンドになってきてるなかで、関東ローカルの人は一時半くらいから大騒ぎするわけじゃん。それで、それ以外の人たちは今までだと次の日の昼過ぎにアップされた動画を観てわーっと大騒ぎする。そういう受動的な感じというか、リアルタイムでみんなと共有する感じっていうのはもうちょっとあっていいんじゃないかなと思ってて。それってテレビのよさだと思うんだよね。それに番組の作り自体も放送用になってるし、YouTubeに向けて作ってるわけじゃないからね。

そういう意味でもAbemaTVで本放送の三〇分後に放送されるのはアリかなっていう。

サイバーエージェントとテレ朝が一緒にやってるコンテンツだから金儲けのためにそうしたっていうわけじゃないし、そもそもあれ自体がスペシャとＭＴＶが観られて、こっちゃん（Ｋダブシャイン）とかAK-69とか宇多丸とかの番組が観られる、しかも全部タダで。普通にみんな観ればいいのにって思うんだけど。まあ、タイムシフト的に自由な時間で観るために月額一〇〇〇円くらいかかるのはね、それがオンデマンドで観たい人にとっては不満なんだと思うんだけど、それはもうそう思われるのはしょうがない。ただ、俺らはYouTubeはあくまでも全国の人に観て欲しくて配信してたわけだから、AbemaTVでそれができるならOKっていうとこなんですけど。また細かいこと言われるとキリがない。「外国で観られません！」とか（笑）。知らねえよ！って思うからね（笑）。そこまではさすがに面倒見切れない（笑）。

―― それこそ、『フリースタイルダンジョン』で入門してきた人を、たとえば音源やライブなど、ヒップホップのさらに奥深いところまで連れていくっていう使命もあると思うんですが、そのあたりはどうお考えですか？

Z まず「ビートで何がかかってるか出してほしいです」っていう意見がTwitterできて、それは次の週からすぐに実行しました。最初にＳＮＳが窮屈だとかいったけど、もちろんいい面もいっぱいあります。『フリースタイルダンジョン』にかんしては、そういうふうにいい意見はしっかりと拾って、ちょっとずつルールを改善していったりしながらつくっていっています。

でも、それこそYouTubeで観てたような人たちは、おすすめ動画で出てきた他のバトルをチェックしてる人も多かったと思うんだけど、それってあくまでも「バトルをチェックする」だから さ（笑）。そういう人たちを音源だったりライブだったりに引っ張っていくのはなかなか難しい問題だよね。だから『フリースタイルダンジョン』のライブコーナーも「バトルじゃない世界もかっこいいっぽいぞ」って思わせないといけないなとも思うし。この前から収録が新木場のageHaに変わってライブがやりやすい環境になったと思うし、前よりもあそこのかっこよさを推していけるかなと。

編集部　**ライブシーンの尺をもうすこし延ばして欲しいという声もよくあるそうですね。**

Z　実は、そもそもライブシーン自体、俺が無理をいって入れてもらったんですよ。番組自体の括りがバラエティ番組だから、尺の基準のなかで一番短い一分三〇秒っていうのがはじめからルールとしてあって。今は「ちょっと尺増やしてくれ」っていうことはたまに言えるようになってきたんだけど、毎回二分、三分っていうのは現実問題として難しいところがあるんだよね。あとは、放送しはじめの頃に「やっぱりビートが小さいよね」っていう話も出て、ちょっと言ったりしたんだけど、マスタリングとかできるわけじゃないからマイクとビートが両方きれいに聴こえるようにするところまではなかなか完璧にできないところがあって。最近、バトルを音源にしてそれだけを聴いてる人とかも結構いるらしいんだけど（笑）、本当はそこじゃなくて音源とかライブで楽しんでほしいなって思いますね。

一方で、バトルはバトルとして、格闘技みたいな感じで盛りあがって広がっていったらいいなと思う。それこそK－1みたいな場を作れるように頑張りたいな、とか。だから、ヒップホップのなかのひとつの遊びとしてMCバトルをどんどん盛り上げていきたいと思うのと同時に、ヒップホップシーン全体へのフィードバックっていう点では、両方がうまく混ざっていくことが大事だと思うんですよね。たとえばKOHHとR－指定がうまく混ざるようになるというか。別に一緒の曲をやるっていうことじゃなくて、ふたりが同じイベントにバンバン出てくるとか、そういうふうになっていけばいいなと思いますね。今年の夏は「さんピンCAMP 20」もあるし、これからどうなっていくのかなっていうのが見どころでもあるよね。『フリースタイルダンジョン』も、まだまだ、超いろいろとあるんで。お楽しみに。

二〇一六年五月六日、GRAND MASTER OFFICEにて収録

第3章　〝昭和の残党〟の戦い

般若

（聞き手＝二木信）

楽しさと暴力が半々くらいの世界

――昨年九月から、『フリースタイルダンジョン』の放送が始まり、般若さんは「モンスター」のなかでも、ラスボスとしてご出演されています。今日は、現在にいたるまでの般若さんのキャリアのお話を中心に、『フリースタイルダンジョン』についてものちほど伺えればと思います。

般若さんは一九九六年に、YOU THE ROCK★がMCを務めていた『HIP HOP NIGHT FLIGHT』（TOKYO FM、九五―九八年）で、DJ BAKUとRUMIと組んでいた「般若」というグループのデモテープが流れて、そのときの生電話でYOU THE ROCK★とZeebraにたいして喧嘩腰のフリースタイルをかましてその存在が知られるようになっていきました。般若さんは当時YOSHIと名乗っていたと思いますが、上の世代の人間や先輩のラッパーを倒すというような気合いを持って出てきたラッパーだったと思います。それこそ、今もフリースタイルバトルっていうのは下克上の世界になっているじゃないですか。

般若 たぶん、二〇年前の自分と今の自分は根底の部分でたいして変わってないんだろうなって思います。戦ったからには勝ちたい。というか、「何かを残したい」っていう気持ちはあまり変わってないいんじゃないかな。

――それはやっぱり、負けたくないという気持ちですよね。

般若 でも、戦歴的にはいっぱい負けましたからね。負けも知ったうえで、ってとこなんで。

――以前に漢さんにインタビューしたときに、一〇代のころの現場で、般若さんのフリースタイルは強烈に印象に残っているようでした。当時のMCバトルでは、チョークスリーパーとかプロレス技をかけながらラップするという熾烈な場面もあったそうですね。般若さんと漢さんは同い年ですが、当時クラブで行われていたフリースタイルやMCバトルの現場など、その雰囲気もふくめ、般若さんが記憶しているものや印象深いものはありますか？

般若 楽しさと暴力が半々くらいありましたね。最初は「先輩のパーティー」に参加させてもらう、みたいな感じで、まだパー券がどうこうの時代だったので、必ず誰かがもめてました。そこの延長でしたよ。まあ、ルールがなかったぶん、みんなイケイケだったたし、ガツガツしてたし。大会なんてなかったし、バトルがいきなりはじまるみたいな感じでしたね。

――九九年に「B-BOY PARK」のMCバトルがはじまるまでは公式の大会はなかった

んですね。

般若　本当になかったんだと思います。

――まさにストリートバトルみたいな感じだったんですね。大会以前のクラブでは、バトルというのはどういうふうに行われていたんですか？

般若　僕がBAKUとRUMIとやりはじめたころは、まだ高校生ですよ。今は夜中に一七、八歳のやつが主催できるイベントなんてないと思うんですけど、当時、六本木のアール・ホールでイベントをやってたんです。それなりに人も入って。そこではやっぱり、「待ってました！」みたいな感じでフリースタイルバトルになることはありましたね。そのころ、フリースタイルは文化祭レベルでもあったし、もっと小さいクラブでもありました。恵比寿のファイヤークラッカーとか渋谷のファミリーとか。殴られたことのほうが多かった気がするな。俺も殴ったけど。

――さっき仰った、「楽しさと暴力が半々くらいの世界」ですね。乱入したり、乱入されたり、しのぎを削っていたというのがあったと。

般若　それはあったっすね。したり、のほうが多かったです。

――乱入の話というのは、いろんなインタビューや証言で残っているんですけど、どんな感じでやってましたか?

般若 いや、上の人たちのは、ほとんどいきましたよ。

――RHYMESTERだったりとか。

般若 RHYMESTERはいけなかったな。でも結構いきました。いったぶん、返ってきたものもあったし、得たものも大きいですけどね。ちょっと時間軸がズレてくるかもしれないんですけど、最初はクラブでやらせてもらえなかったんです。でもどうにかしないといけなかったし、よくわからない自信だけはあったので、ケンカがしたいとかそういうんじゃなくて、ただ存在をアピールしにいくってことだけをやっていたんですよね。だったら有名なやつのところに行って、やるしかないじゃないですか。場所がないなら奪うしかないって、元はそういう考えだったんです。

――今みたいにクラブがたくさんあるわけじゃないですしね。

般若 みんな、まだ足を使っていた時代だと思うんですよ、いろんな意味で。フライヤーをみてイベントをチェックして、いつ、どこそこであれがやるから、ここに乗り込んでやろうとか、そんなレベルでしたね。ひとりでいくときもあれば、仲間たちといくこともあったし、何があってもいいように身分証だけは原付に隠したりして。

般若　そうですね。別に楽しみに出かけるわけじゃなかったです。

――じゃあ、そうやってクラブに繰り出してラップをしにいくことは、本当に覚悟を決めていくって感じだったんですね。

――そんななか、RUMIさんがZeebraさんにテープを渡して、声がかかったというのは大きな転換点だったんですか。

般若　（川崎クラブ）チッタの「鬼だまり」のときでしょ。あのときもデモテープだけは持ち歩いていて、ステージにバーっていったらZeebraが座っていたんで、渡したんです。

――どういう反応だったかおぼえていますか。

般若　ボケっと座っていたので、「おい」なんて言って、渡したんですよね、たしか。

――『HIP HOP NIGHT FLIGHT』の放送後にZeebraさんから電話がかかってきたそうですね。

般若　ちょっと怒ってましたね（笑）。

――なんで怒ってたんですか？

般若　たぶんディスられたことに対してだと思うんですけど。あと、まだ若かったから「日本語でやらないとダメだろ」みたいなことを俺は言ってて、番組のなかでフリースタイルをやったときに、緊張してたのもあって「レペゼン」って言葉を使ったんですよね。それについて「お前あれちげーじゃん」って怒ってました。それで、いろんな話をして、レコーディングしたいとか言われたんですけど、当時自分たちはまだラップをはじめたばっかりの人間だったので。

――ラップをはじめて一カ月だったそうですね。

般若　だから、バカはバカなりに考えて、ちゃんとやらなきゃって話しあってそれは断りました。ただ、ラジオに出たことで「般若」っていう名前がよくもわるくも先に走っちゃったんで、狙ったり狙われたりというか、そういう場所にいったらバトルっぽくなったりはしました。当時はまだヒップホップのメディアがあの番組ぐらいしかない時代で、同年代のほとんどが聴いてたんですよね。実は、すごい申し訳ない話なんですけど、僕はあの番組の存在を知らなかったんです。それで、「だんだん話題になっちゃってるっぽいぞ」っていうのがわかってきて、いろんなことが動き出していった感じです。

――それまでもDJをやってはいたと思うんですが、そもそもラップを自分の表現方法として選んだのはどうしてなんですか？

般若 別に理由もなかったですけど、最初は日本語でラップをすることに対して否定的だったんです。でも、学校が一緒だったRUMIが日本語でラップをしてて、そこから僕の価値観がぐるんと変わって、そのあとRUMIからやりかたを教わりました。もちろんDJは続けていきたいなと思ってたし、まわりにはダンサーもいっぱいいたからヒップホップ自体にのめりこんでいった延長線上にラップがあったっていう感じなんですよね。

――強烈に何か言いたいことがあったからラップをはじめた、というわけではなく。

般若 だから最初は歌詞が書けなくて、フリースタイルからやりはじめたんです。

さらに、当時もうひとつ僕の価値観を変えてしまったことがあって、仲間たちと六本木のVIETTIかどこかのクラブに歳をごまかしてMICROPHONE PAGERのライブを観にいったんです。そのライブがとんでもなくて、今でも僕にとって、日本のラップのライブのなかでベスト3に入ってる。TwiGyくんがラップをして、今度はそのマイクをDJしてるMUROくんに向けて、MUROくんがブースのなかで回しながらラップするんですよ。それが衝撃的で。挙げ句の果てに、これは本当に偶然なんですけどMUROくんがギャラを渡されて金を数えてるところまで見ちゃったんですよ！　当時にしてすごい大金だった記憶があるんですけど、「これはハンパじゃねえ、マジか！」って思って（笑）。これは笑い話なんですけど、そんな興奮状態で帰る途中に六本木通りから駒沢通りを曲がったところで、坊主だったからなのか、当時世間を騒がせていたオウム真理教に間違えられて職質されるっていうオマケ付きでしたね（笑）。

――（笑）。ステージでラップしてお金がもらえるところを間近で見てしまったわけですね。そのときにラップで食っていこうというふうに考えたんですか？

般若　そこまで考えたかはわからないですけど、とにかくもっとやろうという気持ちにはなりましたね。でも歌詞が書けなくて、一日中ひたすらフリースタイルばっかりやってました。

――　般若さんの初期のラップスタイルは、ひとことでいうと過激さを売りにしていたと思うんですが、フリースタイルから歌詞を書いて世のなかに打って出ていくときに、ラッパーとしてどういうふうに表現していこうと考えていましたか？

般若　たしかに最初は過激でしたね。もうひたすら過激なこと言いまくってればいいやって思ってた時期もあったし、要するに反骨精神の塊だったんだと思います。

でも、突き詰めちゃうと、認めてもらいたいっていう気持ちが一番デカかったんだと思います。それは今でもそうだし、たぶん幼少期からずっとそうだったと思います。結構親に否定されるような感じで育ってきちゃって、勉強もスポーツもできたわけじゃないから褒められることもなくて、そういう気持ちが強かった。得意なものがなくて、将来の夢もまったくなかったような人間でした。何もないんですよ。

――幼少期はどちらかといえば内気な少年だったんですね。

般若　小さいころはいじめられてましたし、内気だったんだと思います。でも、小学生のときに僕のことをいじめていた人たちに対する逆襲の時期がはじまって、そこから少しずつ変わっていったのかもしれない。

――逆襲っていうのはどういうことですか？

般若　要するにキレちゃったんですよね。小学校四年生くらいのときなんですけど、いじめられてた相手の家の前で張って、帰ってきたところを襲ったりしてました。不良にはならなかったんですけど、とにかく復讐をしようと。やっぱり根底にあるものが歪んでたんだと思いますよ。人にされたこととか、人を恨む気持ちだけは絶対に忘れないような人間だったから、今でもそのときの気持ちにもどって曲をつくれたりするし、「やつだけは許さねえ」って思う（笑）。そんな類の人間なんですよ。

正気と狂気の混濁

――フリースタイルからはじめて、その後の妄走族での活動を経て、二〇〇四年にソロのファーストアルバム『おはよう日本』をリリースしますが、そのときはどういう心境でしたか。

般若 当時、僕は二五歳だったんですけど、ソロアルバムを出すにいたるまでがすごく長かった。それこそOZROSAURUSやM.O.S.A.D.、Maguma MC's、YOUNG GUNZとかNITRO MICROPHONE UNDERGROUNDもそうだけど、同世代のラッパーがどんどん世に出ていくのを見ていて焦ってました。そんななか、Def Jam Japanもあったし、いま思えばヒップホップのバブルだったと思います。そんななか、自分は「あいつはフリースタイルしかないじゃん」って思われてたのは知ってたし、それがすごくコンプレックスでした。だから、二〇〇二年の「B BOY PARK」の決勝で漢とやって、その翌年にも出場した後、実はMCバトルはやめてるんですよ。そこから制作のほうにシフトして、ようやく二〇〇四年に『おはよう日本』を出すところまでこぎつけたんです。そのときに、嬉しかった反面、すげえ怖くなったんですよ。そのことは強烈におぼえてます。ファーストアルバムを出すまでに二五歳になってしまった、と。アメリカで考えたらめちゃくちゃ遅いし、何やってたんだって思って、『おはよう日本』を出したあとにすぐ『根こそぎ』（二〇〇五年）をつくりはじめました。

ちょうど『おはよう日本』を出す一年前ぐらいは人生的にもかなり落ちこんでて、もうマイナスもマイナスだったんです。いろんな意味でもうダメだって思ってた時期で、「これは無理だ、音楽やめよう」って思ってました。自分の音楽にも限界を感じてたし、金にもならない。世に出てない曲はいっぱい書いてましたけど、「まわりはどんどん先にいってるのに、俺は何やってたんだろう」っていうところまで考えちゃってたんですよ。

でも、いろんな人の支えがあってなんとかファーストアルバムを出せて、そこから何かが変わっていく感覚がありました。各都市にも呼ばれるようになって、気がついたら俺の曲を人が歌ったりしてるようになってた。だからそのころは失いかけてた情熱をなんとか保っていたような時期で、『根こそぎ』を出してから生活もすこし変わってきて、さらに状況が変化した感じですよね。

―― **状況の変化というのは具体的にはどんなことがありましたか？**

般若　『おはよう日本』を出す前ですけど、たとえばZeebraの「GOLDEN MIC（REMIX）」（二〇〇三年）とかDABOの「おそうしき」（二〇〇三年）にフィーチャリングで参加したりして、それから、やっぱり長渕剛さんとの出会いが大きかったです。「ALL NIGHT LIVE IN 桜島」（二〇〇四年）に出たりして、いろんなことが大きく変わっていった時期だったと思いますね。
それまではただただ東京と渋谷の世界だけしか見られなかったのが、各都市に呼ばれるようになってちがうシーンを目の当たりにして、すごい刺激になってました。『根こそぎ』はほとんど新幹線のなかとか移動中に書いてたのはよくおぼえてます。

――ニューヨークに行かれたのもそのころですか？

般若　二〇〇三年だと思います。565（現・G-MAN）がニューヨークのdj hondaさんのところに連れてってくれて、居候させてもらったんです。そこで約一カ月くらい音楽漬けの生活を送って、ひたすらに音楽をつくりつづけたっていう経験が『おはよう日本』につながっていると思いますし、本当に感謝してますね。

――ニューヨークでつくられた曲は『おはよう日本』のなかに入っているんですか？

般若　いや、まったく入ってないです。dj hondaさんのところで録った七曲は今でも持っていますけど。あの経験はデカかったです。

――初期のころからいまにいたるまで、般若さんのラップで変わっていないことのひとつに、誰もがわかるテレビネタや時事ネタといった大衆的なトピックを盛りこみつつ煽情的に歌っていく、ある種のイエロージャーナリズム的なスタイルがあると思います。

般若 今ラップブログもやってますけど、時事ネタを入れるっていうのが昔から好きだったんですよね。マンガ読んでてもテレビ見てても「ラップにしたらどうなんのかな」っていう捉え方しかしてなかったから、自然とそうなっていったと思います。自分のアルバムはまったく聴き返さないんですけど、聴き返したらたぶん懐かしいような、「あ、こんな人いたっけ」って思う曲があるはずなんですよ（笑）。

――「モーニング娘。」とか（笑）。

般若 そうですね。あとは喜怒哀楽以外の細かいところもふくめて表現したいというのは昔から思ってました。仲間うちでしてる馬鹿な話の延長線上のことをやりたかったというか、酒の席で話してるようなレベルのことを曲に落とし込んでも、それだってリアルだと思うんですよ。別に曲のなかに笑いがあってもいいと思うし、笑いのなかにも真実があるわけじゃないですか。

――たとえば「Ah Yeah」（『ドクタートーキョー』［二〇〇八年］所収）とかはそうですよね。

仲間うちのノリが持ち込まれているからなのか、途中で「なんの話なんだろう？」っていう単語が飛び出して、急展開するじゃないですか。

般若　「なんなんだろう？」って思わせるラップのトップクラスだと思ってます（笑）。

――ナンパとか遊びの歌と思われる歌詞の中に、いきなり飛躍した言葉が出てきたりするのはどういう思考回路なんですか？

般若　いや、理由はないです。でも、たぶん何かをひっかけにいくような言葉の置き方をしてるんだと思います。やっぱり歪んでるんでしょうね、きっと。いろんなラッパーの話を聞いてると、「まっすぐでいいな」って思う瞬間が超あるんすよ。やっぱり〝まっすぐ〟ってかっこいいし、伝わるじゃないですか。俺の場合、そういう人たちと同じトラック、同じ題材でやれって言われてもできないですもん。しょうがないっすよね、もう。

――今回アルバムをひと通り聴き返させてもらって、正気と狂気の混濁がラッパー・般若の強烈な個性のひとつだと感じました。

般若　きっと僕は一般向けではないんですよ。一〇〇人いたら一人がわかるかわかんないかぐらいで、あんまり俺のことは深く考えるなって感じなんですよ（笑）。

――（笑）。でも、例えば四枚目の『ドクタートーキョー』は特にストレートかつシンプルなメッセージが込められたアルバムだと思います。

般若　たしかに『ドクタートーキョー』はまっすぐ作ったと思いますね。

――『ドクタートーキョー』には、例えば「路上の唄」のように、世の中でなかなか認められない、日の目をみない人たちにフォーカスを当てた曲もあります。

般若　「FLY」も特にそうだし、「路上の唄」もふくめ、ああいう曲はすごくやりたかったんすよね。やっぱり世の中、苦労してる人のほうが大半を占めてると思うんです。USのヒップホップみたいに金を稼いで成り上がるっていうのは、ある意味ですごい夢だと思うんですけど、僕の実生活においてそれは絶対ないんですよ。ここは絶対って言いきってしまいますけど、別に自らシャンパンをあけるようなこともありませんし、俺は実生活に基づいてやっていきたいなっていう。いや、本当に夢を与えなくて申し訳ないんですけど。共感できる部分を歌いたいんですよ。一瞬の共有というか、そういう人もいるよねってみんながわかってくれたときっていうのが、お金以上の価値があると思います。実際に苦労してる人のほうが多いし、そういう人たちがうなずいてくれたり、心のどこかに残ったりするような音楽をつくっていきたい。だから「俺はすげえぜ」って自分で言ったこと一回もないっすよ。

――成功者ではない人間に共感していく感性はどういうふうに培われてきたものだと思いますか？

般若　うちも貧乏だったんで、幼少期からもともと持ってたものだと思いますね。もちろん今でも自分のことを成功してる人間だと思ってないですし、どうやって培われたかっていうのは、それこそ俺のいた環境がおのずと「般若」をつくってしまったっていう。

ふたたび、フリースタイルバトルへ

――般若さんの活動のなかでいくつかターニングポイントがあると思うんですが、トレーニングをはじめたことは大きいですよね。そうやって自分の身体を変えていこうと考えたのはどうしてですか？

般若　トレーニングをはじめたのは『HANNYA』（二〇〇九年）をリリースしたころ、ちょうど三〇歳になるかならないかっていうときで、実際、ライブをやるにあたって身体がキツくなってきたんですよ。長渕剛さんにもトレーニングしろってずっと言われてたし、渋谷O-EASTでのライブ（「記憶が無いぜ」ツアー）が決まったタイミングでやってみようと思った。それでダメだったらもう鍛えるのはダルいしやめようと思ってたんですけど、二〇〇九年から七年間、一度もサボったことないっすね。
じゃあ、身体を鍛えてどうだったかっていうと、僕はよかったです。ライブに対する考えも変わりましたし、トレーニングを通じて知りあった仲間たちには全信頼を寄せてるんで。

――トレーニング中の極限状態のなかで浮かんでくる言葉や考えに真実があるというようなお話もなさっていましたね。

般若 考え方がもっとシンプルになっていったというか、自分に嘘つけなくなるんですよ、きっと。僕はやっぱりもともと心が弱い人間なので、肉体的な意味もありますけど、結局は精神的な部分を鍛えてるんですよね。だから今はバトルもふくめ、ライブとか人前に出るにあたって、鍛えてるっていう裏づけがあるから出られてるっていう。逆にいえば、トレーニングができてない状態でライブをやれって言われたら、NOなんです。トレーニングにかんしてはあんまり大きいことは言えないですけど、やっぱりだらしない身体でステージにあがっちゃダメっすよ。

――トレーニングの仕方は年々変わってきてるんですか?

般若 変わってきてます。それこそサポートしてもらってるHALEOは格闘家しかいないし、今はもう究極のところまできてるかもしれないです。PRIDEのウェルター級の元チャンピオンの三崎和雄さんについてもらってやってるんですけど、命を懸けてリングにあがってた格闘家だからいろいろとわかるみたいなんです。俺が今本当に限界の状態かどうかとか、極限のときにかけてくれる言葉とかは俺にとってデカいです。まあ、ボディビルダーになろうとしているわけじゃないですし、ライブをやるために身体をつくってるので見栄えはそれほどよくないけど、やらないよりはやったほうがいいし、何もしないで二時間のライブは絶対に無理っすよ。

とにかく余計なことは考えなくなったというか、それこそ今はもうリハーサル、スタジオ、家、ジム……っていう生活になっていて、たったそれだけのことをひたすら遂行していくだけです。

――トレーニングをすることによって音楽のつくりかたは変わりましたか?

般若 リリックを書いたり録音するっていうことにかんしては変わらないですけど、アルバムとか曲の単位じゃなくてもブレスひとつにしたって、全体的にトレーニングがあってこそこういう作品ができたんだなって思いますよ。あとはやっぱりフロウとか言ってることもふくめ、楽曲に見合った身体でいたいっすよね。音源で表現できててもライブでできてない人たちって結構いるじゃないですか。そうはなりたくない。音源以上にライブを数倍かっこよく見せたいっていうのはずっと思ってるんです。

――『9・15野音 #バースデーワンマンライブin野音』のDVDを観させてもらったんですが、一曲目からものすごい高いテンションでスタートしますよね。

般若 普段しんどいことをやってるのでライブのほうが楽だなって思う瞬間はあって、鍛えてるときが一〇割だとしたら、むしろ力を抜いて八割くらいの力でやれると一番うまくいきます。トレーナーの三崎さんに「一曲目と最後の曲をおなじテンションでやりにいかなきゃダメだろ」って言われるんですけど、あの人、格闘家っすよ(笑)。剛さんのトレーニングのコーチもされてるので、精通してるんだと思うんですけど。

――野音のライブではKOHHさんが登場して「家族」(『#バースデー』所収)を歌われていましたが、このタイミングで自身のルーツや家庭環境について赤裸々に歌おうと考えたのはどうしてですか?

般若 『#バースデー』をつくろうと思ったときにちょうど子どもを授かって、「じゃあ、その裏側ってなんだろう?」って考えたんです。

――「家族」をつくるにあたって、KOHHさんとは具体的に曲の内容について話しあったんですか？

般若　いや、それはまったくしてないです。KOHHっていうラッパーの存在を知ったときから、シリアスなこと、特に家族間のことについて一緒にやりたいなって思っていたので頼んだんです。本当は「家族」は僕ひとりでも完結させられるはずの曲なのかもしれないですけど、いや、やっぱりKOHHとやりたいなと。それで、僕のヴァースを先に聴かせて、KOHHがそれを理解して、ああやって返してくれたっていう感じです。

――長渕さんの番組（『ブチまけろ！　炎の魂　長渕炎陣』、BSフジ）でも、日韓ハーフであるということなど、自身のルーツや家庭環境について具体的に語ってから、「家族」を歌っていました。二〇歳を過ぎて自身のルーツを初めて知ったとき何を思いましたか？

般若　そのことにかんしては、基本的には歌ってるとおりなんですよ。でも、今はハーフとかクォーターの人って多いじゃないですか。別にそれは悪いことだと思わないし、それこそ曲で歌ってるとおり、そのことを知っても「そうなんだ、でも日本人だししょうがないよね」っていう程度のことしか思いませんでした。

――二〇〇〇年に出したシングルの「極東エリア」では、日本国内のアジア系外国人への差別に警鐘を鳴らしつつ、「アジアでマジな奴に送ろう」と歌っています。そういうアジアの友愛をうながすラップをするラッパーは当時ほとんどいなかったと言っていいと思いますし、勇敢な曲だと思って聴いていました。

般若 その曲を出す一、二年前に事実を知って、自分の人生について考えさせられた部分はすこしありました。別に社会派でもなんでもなくて、普通のことだと思いながら作ったんですけどね。いまはもうそういう差別とか偏見は、だいぶなくなってきたと思いますけど、僕が小学校のときとか、やっぱり中国人でいじめられていた子もいたし、裏を返せば、自分がハーフだっていうことでさらにいじめられてたかもしれない。でもそのころと比べて日本も大きく変わってると思いますよ。

『#バースデー』にかんしては、全体的にいいアルバムになった気がしますよ。でも、ついこのあいだ『グランドスラム』っていう九枚目のアルバムができたばっかりなんですけど、こっちはもう本当にヒドい……ヒドいんですよ(笑)。『#バースデー』とは正反対の作品ですよ。

―― 今までのアルバムのなかで方向性が近いものはありますか?

般若 まわりは『おはよう日本』だっていいますね。

―― 結構ふざけてる感じもあるんですか?

般若　ふざけてるっていうか、マジでやってるんですけどね……。まあ、もう理解はされないものだと思ってやってます（笑）。改めて、そんなものは求めていません（笑）。

――般若さんの言葉を借りれば、その〝ヒドさ〟と「家族」のようなシリアスさの振れ幅が独自に大きいと感じます。

般若　それは単純に人間だからじゃないですか。ただ、どんなジャンルでも「この曲おなじじゃん」っていうことがあるじゃないですか。おなじような曲をつくりたくないっていうことは思ってますね。

昔から言ってるんですけど、みなさんがかっこいいって思うことに興味がないっていうか、かっこいいと思わないんですよ。むしろおもしろいことがかっこいいことだと思ってるんで。あとは聴いた人がジャッジしてくれっていうか。

僕の場合はユーモアっていうか、ブラックユーモアのほうがきついと思うんですけど、それについても実はそんなに考えてはないです。別にふざけてつくってるわけでもないから、「みんなここで笑うんだ?」って思うときがあったりしますね。それこそ俺はまともだと思うようなことでも、みんなが「まともじゃない」って言うことがあって、それがいまだに理解できなかったりしますから。

まあ、僕もいま結婚して子供もいますけれども、それと作品はまったく別です。次のアルバムを聴いてもらえればわかると思うんですけど、「関係ないし」っていうか、本当にヒドいですからね（笑）。やっぱりおもしろい音楽つくっていきたいなっていう気持ちだけで、別にストリートがどうこうっていうのも、俺……いないし（笑）。

――ははは（笑）。

般若　僕はいませんからね、ストリートに。その辺を自転車か車で通ってるだけなんで。三七歳になっていきなり路上で溜まって、ストリートとか言っててもしょうがないじゃないですか（笑）。溜まってられても困ると思うんですよ（笑）。まあ、それはあくまで僕の価値観なんで、別にいいと思うんですけど。

――すこし話がもどりますけど、『フリースタイルダンジョン』の「般若ルーム」での演出や笑いのセンスはシュールですよね。

般若　わからなきゃわからなくていいと思いますけど……でも、あれはZeebraの仕切りがわるいというか、俺に触れないままぶった切ってくれって思うときがありますよ（笑）。

――そもそも『フリースタイルダンジョン』への出演もふくめ、どういった経緯ではじまったものなのでしょうか？

般若　去年の夏くらいでしょうか、最初にZeebraからこの番組の相談をされたんです。だけど僕は、二〇〇八年にUMBで優勝した後に自分で納得をしたうえで、すでにバトルからは退いていたので、いろいろと考えるところがあって。だけど、たまにはこの人の言うことも聞くかというのもあって、出ることになったんですよ。その代わり、般若ルームでやることについては僕に一任させてもらいたいということは言いました。

――ということは、般若ルームのやりとりはすべて般若さんのディレクション？

般若　僕が全部やっています。山下新治（ACE）を連れてきたのも僕です。

――え!?　そうなんですね。

般若　まあ、つまんないじゃないですか。わりとみんな、構成作家か誰かが書いたものをやらされているみたいな勘違いをしている人が多いと思うんですけど、あれは全部僕です。

――般若さんの試合は「焚巻戦」（Rec2）しかまだ放映されていないわけですけど、この試合はいかがでしたか？

般若　あまり勝ち負けを考えないでやってるというか、俺の目の前に誰かが来たらそいつをぶっ倒せばいいだけなので、それしか考えてないですね。

――二〇〇八年のUMBでの優勝以降、ひさびさにMCバトルをやるとなったときに、何か考えることはありましたか？

般若　まったくないですよ。一切練習もしていないです。ただ、僕が言うことは全て実生活、日常生活において、ずっと心の中に溜めているものなので、そのリミットを外すか、外さないかのところだけですね。でも、僕自身、楽しくなきゃやらないですから。僕もフリースタイルバトルから出てきて、皮肉にも結局二〇年後もおなじ場所にいるっていうことには考えさせられる部分もありますよ。何も進歩してねえぞ、最悪でしょって思いますもん。

――これまでもヒップホップやラップのテレビ番組はいろいろとあったと思うんですが、フリースタイルバトルだけに特化したものは初めてだと思います。『フリースタイルダンジョン』がはじまってからの、フリースタイルバトル全体の熱量みたいなものは感じていますか？

般若　感じるものはありますよ。いいことか悪いことかと言ったら、いいことなんじゃないですかね。要はみんな、人と人が罵りあったり、傷つけあったりとか、そういうのが見たいんですよ。だからこれだけの騒ぎになっているんじゃないですか。

――『フリースタイルダンジョン』も然り、いまの日本のラップシーンはどう見てますか？

般若　どうなんですかね。小学生がラップしたり、やる人も増えて状況はもちろんよくなってきてるとは思いますけど、結構シビアに受け止めてはいます。流行りで終わらせないためにがんばらないといけないと思ってます。でも、もうちょっとじゃないですか。「高校生ラップ選手権」だって、あれだけ大きな流れになってますし、うらやましいですもん。僕が高校生のときはそんなものなかったから。最初にも話しましたけど、まわりはみんな暴走族だったり、そういう世界ですよ（笑）。逆に選択肢が多すぎて、ある程度までやって飽きちゃう人もいるのかなとも思うんですけど。

ただ、僕はシーンのことを考えて音楽をつくってるわけではないんです。自分のことをそんなに偉いとも思ってないのでラップシーンを背負って何かをするっていうつもりはありません。日本中のラップシーンの層がそれぞれ厚くなっていったらヤバいんじゃないかなと思います。可能性は無限大だと思ってるんで。ただ、テレビの力はデカいです。それはきっぱり断言します。

――やっぱり反響は大きいですか。

般若　マジで思いました（笑）。実感しました。焚巻戦が放送された翌日にコンビニに公共料金を払いにいって、店員に「きのう観ました」って言われたときはマジでゾッとしました。

――いい話じゃないですか（笑）。

般若　「いや、住所書いてある」って、ゾッとしましたよ（笑）。

――メディアの影響力でヒップホップがひろがっていくことと、各地にヒップホップがしっかりと根づくっていうのはまたちがう現実でもありますよね。

般若　やっぱりそうは言っても現実が厳しいのは知ってるし、多くの人が大人になる過程でラップをやめていっちゃうじゃないですか。そうやっていろいろな事情があるなかで、それでも続けてるBOSSくん（ILL-BOSSTINO/tha BOSS）はすごいなと思います。もちろんZeebraもRHYMESTERもそうだし、僕より上の世代で続けてる人はみんなすごいです。

――とはいえ、般若さんもソロで活動をはじめてから、もう一〇年以上経ちますからね。

般若　いろんなことがありましたけど、あっという間でした。でも、俺はたぶん特殊、ヒップホップのなかでもどちらかといえばタブーなところにいると思うんで（笑）。「あの人の音楽聴いちゃダメよ」って親から言われるような、そういう存在にならないとダメだと思います。

――ははは（笑）。最後に、今後ひとりの表現者としての未来にどのようなイメージを抱いていますか？

般若　そんなに難しいことは考えてないけど、ラップがもっとおもしろくなればいいと思いますよ。ちょっとお金持ちになりたいとか、そういう気持ちはありますけど、せっかく二〇年前よりもいいシーンになってきていると思うので、一過性のものにせず、シーン全体がおもしろくなればいいと思います。みんな「ＣＤが売れない」って言ってますけど、それこそ理想を言えばみんなの売り上げにゼロがひとつつけば、絶対変わると思います。

二〇一六年四月二七日、ウルトラ・ヴァイヴにて収録

第4章　〝ヒップホップ〟の証明　ストリートを超えて

漢 a.k.a. GAMI×ANARCHY

（聞き手＝二木信）

勘違いからはじまった

―― 漢さんは二〇一二年に9sari groupを立ち上げ、ANARCHYさんはエイベックス傘下に設立されたヒップホップ・レーベルCLOUD 9 CLiQUEに所属しています。ストリートやアンダーグラウンドを生き抜いてきたラッパーとして、現場などで見てきたことやお考えになったことを通して、お二人の「ヒップホップ哲学」について語りあってもらえればと思います。

まず、漢さんの自伝本『ヒップホップ・ドリーム』（河出書房新社、二〇一五年）のなかで、最初はビーフに発展しそうな状況から交流がはじまったというふうにANARCHYさんとの出会いが語られているシーンがありますが、ANARCHYさんは読まれましたか？

ANARCHY（以下、A） はい。漢くんとの出会いは書かれている通りで、僕の勘違いからはじまったんです。

漢 元々は街の噂？

A ちんころ（密告）してきたラッパーがいて（笑）、何かの映像をみて「ＭＣ漢が京都のことをディスってるっぽいよ」って言ってきたんです。もちろん漢くんのことは知ってたんですけど、そのときはまだ話したこともどんな人かも知らない状態だったから直接話すしかないと思って、あらゆるところに「ＭＣ漢の電話番号を教えてくれ」って電話して、漢くんに連絡をとったんです。もとを正せば俺の勘違いやし、どこのラッパーかわからないやつがいきなり「ディスってるんですか？」とか電話かけてきて、たぶん俺やったらキレると思うんですけど、真摯な対応をとってくれて、途中で「俺何してんねやろ」と思いました。それで「今度、東京行ったら新宿に行かせてもらいます」っていう話をしたんですよね。

――RUFF NECKのプロモーションで東京に来る機会があって、すべての日程が終わったあとに、仲間に秘密で残って一人で新宿に行かれたんですよね。そののちに、漢さんはRUFF NECKのJCから「もしMC漢に会うなら絶対に一人では行かせず、自分も一緒に行っていた」と言われたと書かれています。

A　本を読んだときに「こっわー」と思ったんですけど、実はなんも考えてなかったです。仲間がそんなふうに構えてたのも知らなかったし、一人で行ったのも別に深い意味はなかった。単純に一人で行ったほうがいいかなって思っただけです。

漢　だいぶかっこいい感じで演出しちゃったね。

A　そうそう（笑）。かっこいい感じで書かれてる、ラッキーっていう。でも、ただの不良のところなら一人で突っこまないですけど、ＭＣ漢っていうラッパーをイケてる人として認識してたので怖くなかったし、もしそこで囲まれてもいいわというか、むしろ囲まれたら勝ちかなっていうぐらいに思ってました。

―― はじめて新宿で漢さんと会って、どういう印象を抱きましたか？

A 電話で喋った印象とラッパーとしてのＭＣ漢を見てる感じそのままでした。ギャグセンもすごいし、一緒にいて楽しいなと。たぶん俺は最初はまだ自分のアピールをしようとしてたと思うんですよね。まだ『ROB THE WORLD』を出す前やしラッパーとしてはなんでもない小僧なのに普通にウェルカムしてくれて、漢くんの家で仲間も一〇人ぐらいいる中、俺のシングルをかけてくれたのを覚えてます。多分みんなも俺のことあんまり知らんかったと思うんですけど、「ここのパンチライン、（ANARCHYのように）生きてなかったら歌えないだろ」みたいなことを若い子らに言ってくれました。

漢 その前に姫路のライブで一緒になったこともあったけど、話したことはなくて。多分『blast』の白黒ページでANARCHYかクルーが取り上げられたぐらいのときだったと思う。

―― すでにANARCHYさんが二〇〇八年に『痛みの作文』（ポプラ社）という自伝を出されていたということもあると思うんですけど、実は漢さんのもとに『ヒップホップ・ドリーム』の企画を持っていったときに、漢さんは「自分にはANARCHYのようなかっこいい不良のストーリーはないけどそれでもいいの？」って仰っていたんです。ANARCHY

さんにしか感じないかっこいい不良性ってどういうものですか？

漢　単に俺は暴走族はやってねえからな、っていうところだよね。暴走族とか日本文化的な不良はしきたりとかもあって表の社会に通ずる〝試し〟ができるし、その中で当たり前のことも学ぶ。でも俺らは〝THE東京の不良〟っていう感じで、若い頃に表の社会に通ずる〝試し〟をしてこなかった。

もちろんANARCHYにしかないかっこよさはあるよ。京都のでっかい祭りで、ANARCHYの仲間の先輩がボコボコにされて一〇〇人ぐらいの暴走族の行列の中を裸で吊されていたって『痛みの作文』に書かれてるでしょ。東京の俺からすれば、三社祭みたいなでっかいお祭りでそんなとんでもない場面に遭遇するようなもんだよ。恐ろしいじゃん。ANARCHYはそこでただびびってるんじゃなくて、悔しい気持ちで見てて、「ちくしょう、俺は暴走族になるんだ」って決めてる。そんなかっこいいやつはいないよ。

A　『痛みの作文』はラッパーになるまでの本をつくったつもりやったんです。でも、漢くんはもとから存在がラッパーやなっていう感じがして、そこが俺との違いかもしんないです。

漢　ANARCHYはまたラッパーになってからの本出せるからズルいよね（笑）。

――そして、出会ってからはお互いのフッドに行って遊んだりなさってます。

ANARCHYさんは新宿に行って、向島と違うところなど、印象的なことはありましたか?

A 俺らの街の場合はどっちかっていうと子どもの時から知ってる団地のツレっていう感じが強いからちょっと家族っぽいんですけど、新宿に行って漢くんたちを見た瞬間に「ヒップホップの集団だ」っていうかっこよさがあって憧れる部分がありました。それぞれ生まれたところとか育ってきたところは別のところでも、MSCというクルーとして、ヒップホップが好きなやつらがサイファーみたいに集まってきてるような結束力があって、それは俺らにはなかったところかもしれないです。

漢 お互いまったく逆なんだろうね。俺もANARCHYたちのことをうらやましいなって思ってた。それこそANARCHYたちが出てくる前から「そろそろ都営団地出身のメンバーだけのグループとか出てくるんじゃない」ってよく言ってたんだけど、出会った時「こいつらがその第一号かよ」って思った。向島っていう京都でも聞いたことない街にそんなに広い範囲の団地があって、そんなふうに自然と密着してるやつらがみんなヒップホップに染まっていくってすごいよね。

A MSCはみんなで決まった握手をしてて、握手したあと指を挟んでパチン！ って鳴らすんすよ。「何あれ、かっこええ」と思って、向島帰ってから「おい、みんな、こんなんしてたぞ！ 俺らの握手考えへん?」みたいな(笑)。

──漢さんは『ヒップホップ・ドリーム』のなかで、MSCで決めていた〝MSルール〟についてもいろいろと書かれていますけど、ANARCHYさんは仲間たちを統率していく時に考えていたことってありますか？

A　それがないんですよね。こういうことをするやつはイケてないなっていう基準が俺の中にはあるけど、ルールを決めるのが嫌で。「それはアカンやろ」っていうことが当たり前にわからんやつは好きじゃないし、そういうやつは絶対にルールを破るじゃないですか。俺らの街だけじゃなくて、漢くんとか、俺が仲よくなる人たちは「それはアカンやろ」っていう感覚が絶対一緒なんですよ。

漢　ヤンキー文化って言えるのかわかんないけど、ANARCHYたちの地元の仲間はそういう感覚を自然に共有できてる。どの街でもその土地に密着してる度合いだったり、その歴史が長ければ長いほどそういう感覚を共有しやすくなっていく。ただ、東京の俺らの場合は、いろんな土地や場所からいろんなやつがやってきて、いつ消えるかわかんない部分がある。だから、ルールみたいな話になるんだと思う。そうは言っても、ANARCHYと同じで、人としてやっちゃいけないことをやってるやつとはルールが違いすぎて、あんまり時間を共有できないってだけだね。

ラップの技法と〝コンプラ〟

――今回お二人の楽曲を改めていろいろと聴いて、漢さんの「新宿スタイル／決して真実は見せない」（「スキミング」）というリリックが象徴的なように、実は〝本音は見せてないよ〟という煙に巻く態度が東京のヒップホップらしさだなって思う一方、ANARCHYさんはすべて本音で真っ向勝負していくようなところがあると感じました、そこがお二人のひとつ大きく異なる点でおもしろいと思いました。

漢　気持ちいいんだよね、ANARCHYの方が人間的にも。今までANARCHYの喜怒哀楽いろんな部分を見てきたけど、プライベートでもいざとなるとすごい気持ちいい。歌と一緒でさっぱりしてる。俺らは他の人が怒ったり何かの感情を表現したりした時に対峙しないで平然とスルーしちゃうときもあるから、そういう人間との付き合い方が音楽を通したときにドロッと聴こえたりするのかな。

A　確かに東京のヒップホップっぽいんですけど、漢くんのリリック一個一個の生々しさとか、直球を投げてくれてると俺は思ってます。ラッパーとして俺のやりたいことを漢くんがやってくれたりする。

　俺は漢くんみたいにストリートの情景をラップするっていうより、ひとつのメッセージをこうやって歌いたいって考えるタイプなんです。だから同じような空間とか時間をすごしたり、同じ場面に出遭ったりしても、漢くんみたいなリリックはひらめかない。有名な「俺が巻くのはポリスとガンジャだけだ」とかもそうやし、あと俺は漢くんをライブで観るのが好きで、見入っちゃうんですよね。

漢　一緒に曲（「Switch Sides」、二〇〇七年）をやったとき、ANARCHYはどういうテンションで乗っけてくるんだろうって思ってたら、すべてのヴァースを一気に歌ってて、そのときはすげえなって思った。でも、そういうエネルギッシュな部分があるけ一方で、アルバムでは意外と柔らかい表現もしてて、柔軟だと思う。声も含めてちょっとクセがあるんだけど、ポップな面もあるし口ずさんだりしやすい。ぶっちゃけ言うと、中卒のヤンキー上がりなのにパンチラインとかも小節ごとに収まってて、自信持ってやってるのが伝わってくるし、文才もあると思う。ヒップホップのポテンシャルが高くて、ラッパーとしての素質が揃ってたんだと思う。

A　なんでできんねやろと思ってます、今でも。

漢　「俺じゃん、わかるっしょ?」みたいな自信満々な時期って、ラッパーだったら誰にでもあるんだけど、ANARCHYの場合は特にそのことをちゃんと自覚してやってきたんだろうなって思う。まあ何よりも最初聴いたときから、言葉を小節に綺麗にハメんなっていう印象は大きかったね。勉強やってきてない人が（笑）。

A　（笑）。自分のことを声がよかったりテクニックがある方じゃないって思ってるから言葉にだけは自信を持ちたいし、そのこだわりはあります。だから綺麗に聴かせたいとか、ここをちゃんと聴かせたいとか、そういうことは考えてつくってます。ただ、同じことをしたくないタイプなんで、例えば人のラップを聴いて「こんなラップも挑戦したいな」って思うものもいっぱいあるし、いろんなことを吸収してずっと変わっていきたいと思う。それが自分でワクワクする方法やったりもするし、何かひとつを「これがANARCHYだ」っていうふうに芯にはしたくない。

漢　吸収してある程度すぐに曲というかたちにできるからいいよね。

――言葉の表現ということで言うと、漢さんはDJ KRUSHと「猛者 -MOSA-」（二〇〇六年）という曲を作ったときに、レーベルからリリックが過激すぎるということを理由に出せないと言われて書きなおしていますよね（「猛者」の元のリリックは「I WILL SHOW YOU」［『MURDARATION』収録］としてのちに発表）。ANARCHYさんも『ROB THE WORLD』や『Dream and Drama』といったインディ時代の作品では今よりダーティな表現も多かったと思いますが、『NEW YANKEE』ではより一般的な言葉を使って、メジャーで勝負するという選択をしたのではないかと思います。

今『フリースタイルダンジョン』や「高校生ラップ選手権」などが盛り上がって、日本のラップがお茶の間にも届くようになったときに、表現の規制と際どい言葉の表現をするときのせめぎ合いに関して、どのようにお考えになっていますか？

漢　ぶっちゃけ考えてないけどね。規制とか過激な表現っていう意味でみんなが気にするのは、例えばスポンサーとか、あるいは特定の団体や危ない組織を彷彿とさせるような固有名詞を含んだ表現の場合がほとんどで、言葉で表現するっていうことでは危険な言葉を使っても平気なんだと思う。ただ、今の日本のテレビの音楽番組なんかでそういう表現をしてるアーティストがいないから、それはこれからやってみないとわからない。ANARCHYはメジャー行ってみてどうなの？　日本だから基本は自主規制なんだろうけど、こういう言葉を使わないで、とかって結構言われたりするの？

A　多少はありますね。でも、俺はそこまで苦労してる感覚はないです。

――漢さんは一時期『フリースタイルダンジョン』では〝コンプラ〟に苦しんでるようなときもありましたね。

漢　〝コンプラ〟っていうか、いろいろあって調子が出せないときでしょ。『フリースタイルダンジョン』に限って言うと、本気出してないとか手を抜いてて負けてたわけじゃなくて、「利き腕の右が使えない状態だから左でそれなりに思いっきり打ってますよ」っていう感じの試合が多かった。じゃあ、なんで〝コンプラ〟を気にするのかっていったら、別に規制がどうとか目つけられるのが嫌だからっていう意味じゃなくて、せっかくテレビに出るんだし、言葉を削られることで韻が消えたり、スキルが半減する場合もあるから、なるべく完璧な表現を見せたいっていうのを前提として考えてたわけ。だけどやってみたら「いつもだったらこの韻踏んでこうやっていけるけどこっちからやろう」とか「ああ今韻踏めなかったわ」とか多分頭のどっかで考えてたみたいで、それによって調子が悪くなって負ける。「コンプラ解禁しますね」って言ったときの放送からなるべく気にしないようにしてるけど、今もちょっとは気にしてるかな。

しかもテレビだから制作側が悪ノリしてくるところもあるよね。それはテレビだから悪いこととは思っていない。例えばこの前のCIMA戦（Rec6）で「俺が巻き巻きするのはポリスとガンジャだけじゃねえ、今日は包帯も巻いた」って言ってんだけど、「ガンジャ」の「ジャ」だけに〝コンプラ〟かけてきたりしてた。

――（笑）

漢　「ガン」までいってるから、それによって上手い具合にガンジャに聴こえてくるし、「全然コンプラにもなってねえじゃん！」みたいな（笑）。まあ、今はもう〝コンプラ〟はあんまり気にしてないです。

――〝テレビルール〟でも通用するラップスタイルを編み出す工夫をしていたというこ

とですね。

漢　しようとした。結果、やめたっていう（笑）。

A　（笑）。それで負けんの嫌ですもんね。本当に大変だなと思います。漢くんなんて特に、俺の目には勇者に映ってますよ。

漢　刺青隠すために夏でも長袖着て、人一倍汗かいてさ。でも自主規制とかバカだなと思いますけどね。「漢の曲を聴いて殺人しました」とかじゃねえんだから、刺青ぐらいいいだろって思う。今の日本のメディア全体の問題だから、どこの組織や団体が悪いとか言いたくないけど、「入り口を広くしてるつもりだろうけど、逆に入り口狭くすんなよ」って思う。その上、「若いラッパーにこんな舐めたこと言われてよお〜！」みたいな（笑）。

A　一九くらいの若い子にね（笑）。

漢　テレビだし、『フリースタイルダンジョン』は〝スポーツ型〟のMCバトルだから、俺の〝ガチンコ〟のバトルスタイルを持ちこみ過ぎんのはよくないと思ってる。でも俺のまわりのやつらが許さない場合もあるから難しいよね。対戦する若いラッパーに対して「日頃使わねえ言葉で漢をディスってんじゃねえよ」って怒る人もいる。俺らは日常生活で相手に言えない言葉は使わないっていうリアルルールでMCバトルをやってきたわけだから、確かにその通りなんだよ。このあいだ対戦したCIMAだって「漢さん　ひよっこうずらとちゃうの？」って「さん」づけでも俺のこと馬鹿にして勝ってるからね。別に

「ディスるんじゃねえ」って言いたいわけじゃなくて、「普段のおまえは俺にそんな言葉を使えないじゃん?」ってことなんだよ。

だから、『フリースタイルダンジョン』には〝スポーツ型〟のバトルスタイルと、〝ガチンコ〟のバトルスタイルのラッパーが両方出てて、前者のラッパーはそういう理由で後者のラッパーの怒りを買う場合もあるから気をつけないといけないよね。まあ観てる人たちがおもしろがってるからいいんじゃないって俺は思ってるけど、まわりの仲間に「あのガキ、ムカついてくるよな」みたいなことを言われるとやっぱりつらい。みんなをなだめるよりも勝って黙らした方が早いから〝コンプラ〟を気にしなくなったところもある。そもそも「なんで俺がなだめなきゃいけないの?　負けたのに」って(笑)。

A　モンスターのなかで出る順番っていうのはあらかじめわかってるんですか?

漢　ルールとかやり方も改正を繰り返しながら作っていってるから、時期によって違うんだよね。最初のころは急にいきなり出る人が呼ばれるとか、わかったとしても、今やってる試合が負けたら出番だっていうことぐらい。俺の場合はコンディション整えるのに時間のかかる人間だから、それが余計負ける要因に繋がる。ちょっと席を外す時間もとれない束縛された空間と時間のなかで「えっ⁉　いきなり歌うの⁉」っていう状況だった。それで、途中で俺らが順番を全部選べるようになったんだけど、そうしたら今度はやっぱりモンスターが強すぎてますます一〇〇万とれないよっていうことになって、今はまた戻ってる。

MEGA-Gとやったときの収録（Rec6）は一日に三回やったんだけど、脚もケガしてたし、ぶっちゃけつらかった。そのときは二回戦目までやって、汗も拭いてないのにすぐに三回戦目も一人目ですって言われて、二連チャンとか頭真っ白だし焦ったよね。そういう意味ではやらざるを得ない状況のなかで挑戦できるから鍛えられる。

――ANARCHYさんはバトルに出たりしていませんよね。

A 出たことないです。でも、すごい刺激はもらってますね。若い子たちのチャンスにもなるし、俺が今一九歳やったらバリ楽しいのになって思います。胸貸して噛みつける場所を作ってあげてるっていうことがすごいことやし、だからジブさん（Zeebra）もモンスターのみんなにもリスペクトですね。俺らのときってそういう表現をする場所はなかったし、しかもテレビでできるっていうのは毎週運動会があるみたいな感じですよ。

漢 本当うらやましいよ、逆になりたいもんね。こんだけ環境が整ってて、しかもお前まだ二〇歳かって思う。当時俺らが若かった頃、RHYMESTERが「若いやつらがラップが上手くなるのは当たり前だから、俺らは技術には見きりつけて違うところ磨いたり考えてる」っていうことをインタビューか何かで言ってたのを思い出す。もちろんその発言はいろんな解釈はできると思うけど。日本も若いやつらにとって恵まれた環境が年々整っていっているのは事実だし、そういう環境でライバルが多いなかから突出するっていうのは難しいことだけど、昔よりヒップホップ全体がかっこよくなったことは確かだよね。

レーベル、ビジネス、メイクマネー

――書き方はそれぞれ違いますが、お二人とも自伝のなかで「何も持ってないやつらが生き抜くための武器がヒップホップ／ラップだ」というようなことを直感的に感じていたように思います。最初にヒップホップに出会ったときの感動はどういうものだったか教えてもらえますか。

A はじめは武器に出来るっていうことまでは考えへんかったけど、サッカーボール手に入れたみたいな感じですよね。ラッパーになるなんて現実的には考えてなかったと思います。ラップで飯食おうって思ったのは二〇歳超えてからです。

――漢さんもそう考えはじめたのは二〇歳超えてからですよね。

漢 うん。だけど俺の場合は、ラップを本気でやりはじめた頃は「別にこんなんじゃ飯食えねえっしょ」っていう感覚があって、ストリートでハスリングして自分らにベットしていくっていう考え方だった。だからラップで金稼いでやろうっていうことよりも、「俺らのラップはヤバいぜ」っていうのを見せつけたいっていう感じ。ヒップホップを使ってどうやってビジネスとしてメイクマネーしていこうかっていうことは、今のほうがよっぽど考えてる。

A　俺の場合は二三歳くらいでRYUZOくん（R-RATED RECORDSの代表）と出会って「俺はこれしかやらへん」って決めてから一〇年近く、ラップ以外で一円も儲けたことがなくて、それは自分のなかでも誇れることのひとつです。アルバムの売り上げとか有名になったとかっていうことよりも、自分を褒められる部分ですね。だって別にお金稼ぐだけだったらできるじゃないですか。多分他の仕事でもラップよりも稼げたと思うし、実際に全然お金ないときだってあったけど、これで稼ぎたいって思えたものがヒップホップやった。

――ヒップホップの世界は欲望が渦巻く世界だし、誘惑も多いと思うんですけど、そういうものとの戦いっていうのは、特に若い頃はハードなものだったんじゃないですか？

A　年下でも金持ってるやつなんていっぱいいましたけど、俺は自分のやってることがかっこいいって思えてたから誘惑に負けなかったんやと思いますね。真面目な仕事してるやつもいるし、ハッスルして儲けてるやつもいる。でも、俺より稼いでるやつらが俺の音楽を聴いて勇気をもらって憧れるのは俺や俺の音楽やろっていう感覚があって、それが音楽のパワーやと思う。

それこそラップに魅せられたとき、ほんまガキの考えなんですけど「俺は一気に一〇人とケンカできひんけど、ラップやったら一〇〇〇人いても二〇〇〇人いても、一五分くれたら殺せるな」って気づいた。それで「ラップってすげえ！」と思って、俺にもそれがいつか出来るって信じてました。目先の金には踊らされへんくらいのパワーがヒップホップにはありました。

――R-RATED RECORDSと運命共同体のように活動なさってきて、ヒップホップのビジネスのやり方だったり、そういう部分に関してはどんなことを感じてきましたか？

A RYUZOくんとかはそういう部分を俺には考えさせないようにしてくれていたので、ビジネスの部分についてては一回も考えたことがなかったです。それは本当にありがたかったです。

漢 R-RATEDは組織としての役割分担がちゃんと出来てて、ANARCHYはフロントに立つラッパーなんだよね。RYUZOくんから聞いた話なんだけど、RYUZOくんとANARCHYがふたりでがっちり組んでやっていこうと決めたときに、ANARCHYが「俺、超自信あるから一緒にレーベルやってくんだったら、まず俺を最初の人間にさせてほしい、それを約束してくれ」みたいなことを言ったらしい。それに対してRYUZOくんが「だから俺は自分じゃなくてまずANARCHYを有名にさせてからじゃないと成功じゃねえから、その約束は守ろうと思ってる」って言ってるのを聞いて、かっけえなって思った。成功するための約束をお互い守って、結果的にそれが実ってレーベルもでかくなったし、ANARCHYを前に出すことによってRYUZOくん自身も有名になっていったんだろうと思う。そうやってR-RATEDっていうブランドを作りあげたのはすごいよね。

A RYUZOくんは地元の先輩で中学生の頃から憧れていたので、そんなラッパーが自分をあとまわしにしてでも俺のことを売るためにポスター持って東京中まわったりCDを配ったりしてるのをみてて、本当に信頼できたし、もっと頑張らなと思ってました。仕事とかビジネスのことは全然わかってなかったから、RYUZOくんを信頼して、言われたことを頑張るっていうのをずっと続けてきた感じでしたね。日本中まわって、地方でもラッパー面して調子こくんじゃなくて、その街のやつらと繋がって仲間にするくらいの気持ちで二〇代はずっとライブをやりまくってました。

――漢さんはそれこそ9sari groupの社長として、レーベルを経営していくにあたってどのようなことを考えていますか？

漢 本当のことをいったら「しっかりしなきゃ」だけど（笑）。ちゃんとやれば絶対成功できるとか、金持ちになれるんじゃないのっていう自信はあるし、そういう流れに運よく乗っていけてるんだろうっていうことはわかってるんだけど。しっかりするのって難しいよね、俺が。

A　漢くんって人間力があるので、ほんまいろんなところからひっきりなしに人が集まってくるじゃないですか。

漢　集まんなかった時期もあったんだけどね。数年前まで〝人生の氷河期〟だったから。それが最近また集まってくるようになって嬉しいことなんだけど、たまに頭のなかで処理するのが難しいときがある。

例えばアメリカは、今はもう配信で自分らのレーベルから直接買ってもらうっていうかたちに変わってきてる。流通会社を通さないで、ネットでのアクセス数を伸ばして広告収入とかライブ代で儲けていくようになっていて、CDの売り上げは優先順位的に二番目になってきてると思う。でもやっぱり日本はまだCDが基本だよね。レーベルの経営者としては流通のかたちがアメリカのように切りかわったときにどうするかのマニュアルぐらいはいち早く作ってやりたいなと思ってる。今もそういうことは頭にいれていて、たまにビジネスの分野に専門的に詳しくて、頭よさそうだなと思ったやつに素朴に質問したり、相談してる。

ストリートとは何か？

A　いろんな意味で漢くんのことを本当に信用してるんですけど、俺のなかでは漢くんは西郷（隆盛）さんなんです。あと、これは漢くんに言ったことないと思うんですけど、俺はTOKONA-Xと漢くんを被してる部分がある。普段の言葉数が多いわけではないねんけど、核心突いたこというし、ギャグセンスも高いし、存在自体がラッパーだなっていう。俺らよりラップがうまいやつなんか一〇〇人はいると思うけど、これだけ存在がラッパーっていう人はそんなにいないと思うんですよ。MACCHOもそのひとりやと思うし、般若くんもそうだけど、なかでも漢くんとTOKONA-Xはちょっと違う。ラップがどうとかいうよりもその存在自体が似てて、「この人がそういうんなら間違いない」って思える。そういう人がいるっていうことが嬉しいと思います。懐がでかくて、ユーモアがあって、音楽以前に、喋ってることがラップなんですよね。だから「漢のラップはどれ聴いてもかっこいい」っていうのはあたりまえやし、リリックでめっちゃしょうもないこといってても、どんなに変なこといってても、俺は漢くんが何いっても正解って思ってます。面と向かっていわれると照れるでしょ。

漢　うん、照れる。

A　俺はどんなときでもラップと一緒で直球勝負で、小細工嫌いなんですよね。だからどす黒い部分とかいろんな部分があるかもしらんけど、自分が見たものとか感じたものだけで勝負したい。そこをちゃんと信じられなかったらラップなんか歌えへんと思う。だから俺は、勘ぐりがないんですよね。それこそストリートだからどうこうっていうふうにみんなジャンルわけしますけど、全部一緒やと思うんです。

漢　そう。だから結局、すべて成長の段階であり、過程なんだよね。俺は学ばなきゃいけない物事をあるところまで学んだら次の段階に行くっていうふうに人生を捉えてる。不良だろうが優等生だろうが、それぞれの段階の学び方があって、どの段階にいるかっていうことでしかないと思うんだよね。

A　ストリートに足引っ張られるとかいろいろな話があるけど、ストリートのやつだろうがなんであろうが結局は人と人だと思ってるんで、付き合い方は一緒なんですよね。俺らがストリートであることは事実だけど、それだけで決めちゃったら狭いでしょ。そういう垣根は潰したくないですか？

漢　そう。そういう考え方を出来るのは、ANARCHYが世の中と人を舐めてないからなんだよね。「ストリートだから――」って言いわけばかりしていると自分の可能性も狭めると思う。

A　実際、ストリートってなんなんですかね？

漢　ストリートは一般社会のレールに乗れなかった人間たちが生きる社会だよね。

A　「俺らみたいなやつらがストリートやろ」って考え方で生きてきて、あるとき「あれ？あそこでナンパしてるやつもストリートなんかな？」って思ったんです。渋谷にいるすごい化粧したギャルとかもそこでトラブルにひっかかるかもしれないし、普通に歌舞伎町のキャバクラで飲んでるやつらだって危険な目に遭うかもしれない。

漢　ストリートは、路上っていう意味でいえばホームレスや浮浪者の話になるし、ストリート稼業っていったら売人か売春婦を指すことになるしね。普通の社会からは見ることの出来ない現実を生きてる人が基本的にはストリートに携わることになる。そういう路上や道端で生まれるドラマのことでもあるよね。さらに、ヒップホップで言う〝ストリート〟はまた違う意味を持ってる。ゲトーが貧乏や貧困のようなそいつを取り巻く環境の意味だとすると、特に日本の場合は自分が自覚的に飛び込む世界がストリートだったりする。でも、ストリートっていう言葉の指す範囲が広過ぎて、みんな使い方が適当なんだよね。言ってしまえばヒップホップって言葉がストリートと似たような意味で使われてるよね。
　話が少し逸れるけど、俺はラップはもはやヒップホップじゃないと思ってる。ラップは技術になっちゃったと思うし、ヒップホップじゃなくてもラップをする時代になってる。だから、ヒップホップもストリートも反発心が強いぐらいのイメージで使われてるでしょ？

A　ロックと一緒ですよね。

漢　そう。「あいつの生きかたはマジでロックだから」っていうのと同じ。そのロックがヒップホップになっただけ。しかも、今まで〝ストリート〟には大卒はないっていうのが基本だったけど、今となれば大卒のストリートも普通にいる。「え⁉ 大卒のストリートで、しかも格闘技もやってたんだ……」みたいな（笑）。身体鍛えて不良みたいなことをやってから勉強をするのは難しいけど、その逆は可能性があるんだよね。脳みそ鍛えてから身体鍛えたほうが本当はいい。逆はないんだなーっていう。

A （笑）。「俺たちはストリートだ」って散々歌ってきておいて、今になってストリートってなんなんや？ っていう壁にぶつかってる（笑）。

漢 だからストリートの解釈はそれぞれ違うんだよね。俺もストリートのことラップしてきたけどこの歳になったらどうでもよくなる部分もある。それこそ俺は「四〇歳になってもラップとかないでしょ」って考えてた方だからさ。たまにフィーチャリングとかで誰かの曲に参加するのはいいと思うけど、四〇超えてもまだ悪そうな格好して、ストリートのこと歌ってたらまずいじゃん（笑）。「それができるのはZeebraだからだぜ」みたいな（笑）。

A （笑）。アメリカにはいっぱいいますよ。俺は日本でもアメリカみたいにすべてをおもしろく見られるときがくるって信じてるんです。なんだかんだ言って、漢くんは四〇歳超えても絶対ラップやってるんで。

漢 わかるわかる。絶対やってる。T.O.P.の「F*ck Rap Game」という曲で「誰とは言わないが四〇過ぎてもまだラッパー」ってラップしてて、考えることは似てるなと思ったけど、「おいおい、さすがに俺はまだそこまでは言いきってねえぞ」とは思った（笑）。

――ANARCHYさんは年齢関係なくラップをやり続けることの出来る根っからのラッパーであり、表現者という気がしますね。

漢 ANARCHYはロックっていう言いわけがあるから。

――お父さんはアメリカに憧れていてロックが大好きで、っていう話を自伝などでも書いていますけど、そういう環境で育ってロックとヒップホップっていうのは地続きという実感がありますか?

A 一緒やし、ライフスタイルなんだと思います。

――ANARCHYさんが今になってふと「ストリートってなんだろう」って考えているっていうのはすごく興味深い話ですよね。

漢 でも日本って実はストリートっていうよりもルームだよね。外国だと犯罪がおこなわれるのは道端だけど、日本は部屋のなかだし、外で溜まる文化も東京だと今はあんまりない。そういう意味での東京のストリートは、俺らが高校生くらいの頃まではあったけど、二〇歳になる頃にはなくなった。

まあ俺もストリートのことを散々歌ってきたけれど、実はその括りがあんまり好きじゃない。さっきも言ったけど、そういう括りはラッパーの可能性を狭めるよ。しかもストリートっていうジャンルのラップがあるとしたら、さらにそのなかでクラスやジャンルわけして争わせようとするやつもいるから。ぶっちゃけ日本社会でストリートの勝負とか本気で言い出したら「じゃあ、みんなヤクザやりながらラップしなきゃいけねえのかよ?」っていうことになってくるからね。

“ヒップホップ”の証明

漢 ANARCHYは昔と比べて、最近曲の作り方が変わったとかっていうことはある?

A 今はいっぱい言葉を並べてテクニックを見せるより、もちろんラップとして上手いことを言いつつも、どうやったら伝えたいことがもっと伝わるかなっていうことを意識して作ってます。

漢 伝えたいことがなかったり、そこに悩んでるときはどうしてるの?

A 伝えたいことがなくなったらラップやめようと思ってるんですよ。もちろん詰まるときはあるけど、普通に生きてても常に「ラップで伝えたいことは何か?」というアンテナを張ってるつもりやし、例えば誰かに悲しいことや楽しいことがあったり、それこそ漢くんが言ったひとことについてだけでもラップになると思うんです。だから、曲をつくる前に「このことが言いたいな」っていうことがなくなったら、俺はいいラッパーではいられないっていう感覚があって、そのときは少なくとも曲を作らないといけないときかなって思ってます。

俺はこれまでは一年ぐらいでアルバムを作ってたんですけど、最近作ったアルバム（『BLKFLG』二〇一六年）は今までよりもさらにちゃんと考えて時間をかけて、いろんなことを感じたいなと思って作りました。本当に言いたいこと一行のためのリリックを書こうと意識したかもしれません。

漢　ANARCHYもそうだし、NORIKIYOとか般若みたいに作品をいっぱい作るやつってすごいなって思う。俺のなかには「みんなそんなに何を歌ってんの？」って疑問がある。俺なんて「何を書くか、何を歌うか」ってことに関してとっくに一〇年近く困ってる。俺は最初から「俺のラップにメッセージはない」って言いきっちゃってるから。

A　それもアーティストやって俺は思うんですよ。俺だっていつ一〇年空くかわかんないですから。

漢　例えばパソコンの前にずっといるやつに「君はインターネットで何を、なんのために調べたくなったの？」ってよく訊いてたんだけど、調べるのなんて数分で終わっちゃうじゃん。そういう感じで、〝メッセージ〟って言っちゃったら書けなくなっちゃいそうで怖い。だから俺は〝言いわけ〟って言いきるようにしてきた。

最近は録音の仕方も変えて、ずっとペン持たないで録音してる。要はリリックを書かないでラップしてる。それでもたたみかけるようなラップを作れるようになったんだけど、いざそれができるようになったらなったで、また迷ってんだよね。

『フリースタイルダンジョン』でYZERRとバトルしたときに（Rec6）、「勝った負けた関係なくもう一回やったら超いい感じになりそう、超おもしれえ」って心の底から思った。たまにそういう熱い気持ちを思い出すようなときがあるんだけど、曲作りもそういう熱い気持ちでやりたいよね。

ラップへの情熱を失ったわけではないけど、MSで活動しはじめた頃とラップへの向き合い方はまったく違う。MEGA-GたちがJUSWANNAを結成したばっかりの頃にあいつらが仲間同士で熱心にフリースタイルしてるのを見て「お前らはその純粋なノリをずっと大切にしたほうがいいよ」って言ったことがある。なぜかと言うと、MSのオリジナルメンバーなんてあるときから、フリースタイルやサイファーなんか恥ずかしくてできなくなっちゃったから。

―― それはもはや長年連れ添った夫婦かカップルみたいな感覚ですよね。MSは二〇〇〇年代前半にクルーで濃密に関係し過ぎたのかもしれないですね。

漢　変な関係の仕方し過ぎたっぽい（笑）。話を戻すと、やっぱりANARCHYのそういうラップの作り方だったり、ラップに対する気持ちっていうのが気になるね。「伝えたいことがなくなったらラップやめようと思ってます」ってきっぱり言いきったときはびっくりした。「えー⁉　そうなったらやめるの？　一〇年前からそうなってる俺は……」って（笑）。

――その一〇年前の二〇〇六年にMSCの『新宿STREET LIFE』とANARCHYさんの『ROB THE WORLD』が出ていますよね、両者とも世の中に対する怒りみたいなものを感じる作品なんですけど、漢さんはそういう怒りとか反骨心みたいなものがある時期から変化しましたか？

漢　もともとP-VINEと契約してプロになって『blast』で取り上げてもらえるようになりだしたときから、「ほらやっぱ、こういう過激なこと書けばいいんでしょ？」みたいに思ってたところはあった。そういうことラップしてるやつが当時いなかったから、その程度でしか考えてなかった。育ってきた環境も関係あるかもしれないけど、心のうちを堂々と言うなんて恥ずかしくてできないって思ってた。

――それが漢さんの「新宿スタイル／決して真実は見せない」というリリックに表れていますよね。ANARCHYさんは表現方法もどんどん変わっていったと思うんですけど、二〇〇六年当時に抱えてた怒りみたいな感情を今から振り返るとどう思いますか？

A　次のアルバムでメッセージを伝えるっていうことを意識してるのもあって、昔のアルバムを聴き返したりもしたんですけど、こんなこと考えてたんやなって思いました。もちろん当時は誰も俺のこと知らなくて、「なんで俺のことわからんねんボケ」って感じでしたよね。

漢　そういうフラストレーションはあったかもしれない。

A　当時は「こんなイケてるラッパーがいんのに」みたいな気持ちでやってたし今はメジャーで「まだわからんやつがいるか？」って思って挑戦してます。次のアルバムではそういうところを表現できたら成功だと思ってて、二〇〇六年当時抱えてたような怒りとかを思い出しながらいろんな表現ができてるかなと思いますね。

漢　ANARCHYの曲を聴いてると、言葉使いとかパンチラインもいかにも「メッセージだな」っていう言いまわししてるもんね。メジャーに行ってからそういうメッセージじゃないラップの遊び方にも挑戦していろいろやり方を変えたりもしてるけど、どんな曲やってもエネルギッシュな部分は同じだよね。

一方俺の場合は情景描写とか感情を歌うようなパンチラインが多い。でも俺は実は特別なことは歌っていなくて、普通の生活を送ってる人が気づいていなかったり、見過ごしてる街の情景や感情について堂々と歌ってるだけかもしれない。だから俺のラップは意外と一般論だとも思う。

あと、自分がラップを作るときは、命令口調を避けるようには意識してる。リスナーに「お前に言われたくねえよ」と思われたくないから使いたくない。俺だって自分のラップをいろんな人に聴いてほしいと思ってるし、極論を言えば、老若男女問わず、例えば「女だからわかんない」みたいな言いわけができないくらい認めさせたいっていうふうに考えてる。小学生も口ずさめるような曲もいれていかないと、ぐらいに思う。だけど、普通になるのが一番つまんないよな。ANARCHYだって、普通じゃない部分があるから魅力的なんだろうし、普通のできごとを普通に歌っても誰も興味持たないからね。

――最後に、今後のお二人の展望も含め、日本のヒップホップがどういうふうになったら理想的と考えるか語ってもらえますか。

漢　俺はやっぱり芸能界とは違うヒップホップ芸能界みたいなエンターテインメントのジャンルができればいいと思う。ラッパーってユーモアあるやつもいれば、リアクションがおもしろいやつもいる。だからヒップホップ的なドッキリ番組とかおもしろいかもね。例えばANARCHYに、普通だったらありえない、ストリート要素を絡めたトラブルに巻き込まれるドッキリを仕掛けたり、Zeebraをリムジンで拉致って、さらにそのリムジンのガラスをシャンパンの瓶でたたき割ってZeebraを怒らせたりする（笑）。他にも、ストリート要素のある曲で描かれている出来事を実際に起こすドッキリとかね。俺が曲のリリックで歌ってることを実際にやられたら、えらいことになっちゃうよな。だから、ラッパーは常にそういうドッキリが仕掛けられることを想定して生活していかなきゃいけなくなる、みたいな（笑）。

A　でも漢くんが言うとおり、今ラッパーっていろんなタレントが揃ってきてると思うんですよ。漢くんはストリートの核心を突いたようなことをバシッと歌って、俺はもっと広いところに届くようなことを歌う。ラッパーが一人一人やるべきことをやって、おもしろいラッパーがいっぱいいいるんだってことをもっと伝えなあかん。俺を見て「あんなんがヒップホップじゃないやろ。ストリートのときのANARCHYがよかった」とか言ってくるやつらはこれからも絶対出てくると思う。でも俺は自分がやってることを恥じていないですね。

自惚れかもしれないけど、日本中にいっぱいいるヤバいラッパーやヒップホッパーにスポットライトが当たるようにしていくのは自分やと思って挑戦してるんです。ヒップホップはヤバいって多くの人に証明するやつは絶対必要やし、それができるのは自分やと思ってる。それぐらいヒップホップのパワーを信じてる。だから漢くんがいったみたいに、テレビのどのチャンネルをまわしてもお笑いがやってるように、いつか音楽番組のチャートを見たらヒップホップが並ぶようになるときがくるって信じてるし、そのために自分ができることをやりたい。そのなかには自分の夢も詰まってるし、ラッパーのみんなにもヒップホップのパワーを信じてほしい。

漢　例えば『フリースタイルダンジョン』がはじまっていろいろ揚げ足取りとかいちゃもんつけてくるやつらもいるけど俺からすれば「お前らが聴かなくても聴く人が増えたんだからいいんだよ、バーカ」って感じ。「漢はもっとハングリーな頃のほうがよかった」とか言うやつには、「だったらデビューしたてのハングリーなやつを探しなさい」っていうだけの話だから。例えばロックっぽいヒップホップや暗い感じのヒップホップが好きならば、そういう音楽を聴いていればいいんだよ。「なんでお前が個人的な趣味を俺にいちいち提示してくんだよ」って思うことはあるよね。

俺らの存在を証明するためには、とにかくヒップホップを聴く人数が増えることが大切だよ。だから、『フリースタイルダンジョン』とかで入り口をみせたら、その次のステップとして曲の売り上げに繫がるようにしていくことが必要だと思う。テレビを見てヒップホップやラップに興味を持った人たちが増えても、曲を買ってくれる人が増えなかったらプレイヤーは報われないだろうしね。ヒップホップビジネスは難しいこともたくさんあるけど、今はおもしろいラッパーがいっぱいいるからきっと大丈夫だよ。

二〇一六年四月二二日、西早稲田・9sari officeにて収録。

第5章　滲みだす〝叫び〟

KOHH（聞き手＝山田文大）

残ることばと滲むインク

――まず、いまagnès b.さんでインタビューをさせていただいていて、写真を撮られたりKOHHさんの格好を見ていて、だんだんいろんなことがわかんなくなってきちゃいました。

KOHH（以下、K）（笑）。

――そもそも、なんでagnès b.なんでしょうか？

K　次のアルバム『DIRT II』で、服のジャケットを写真に撮ってCDジャケットにしていて、それがたまたまagnès b.のジャケットだったんです。そのことをagnès b.さんは知らないはずだったんですが、なぜかコンタクトがきて、いまにいたります。

――いやいや（笑）。今にいたるまでが一瞬すぎたんですけど（笑）。要はそのジャケットを使ったっていう偶然からはじまっているわけですね。

K　本当に偶然ですね。おれもagnès b.っていうブランドを全然知らなかったんで、今日見にきて、いい服があったのでいま着させてもらってるんです。

―― agnès b. さんからはどういうふうにコンタクトがきたんですか？

K　前にフランスに行ったときにいろいろお世話になったズベットくんっていうファッション関係の仕事をしてる人がいるんですけど、どこからかズベットくんに連絡がいって、おれのところに話がきたんです。パリではズベットくんにファッションのパーティーとかに連れていってもらったりしました。

―― パリで知りあったんですか？

K　知りあったのはパリですね。「HIROI SEKAI（Worldwide）」っていう曲があるんですけど、あの曲はズベットくんがパリのスタジオの人と繋げてくれて録ることになったんです。だからズベットくんからの誘いがなければあの曲も生まれてなかった。

―― そのズベットさん経由で agnès b. さんから連絡がきたわけですね。KOHH さんってフランスで普通に聴かれている感じがありますよね。もちろんどのくらいの割合で聴かれているのかっていうところまではわからないんですが、たまたま会ったフランス人二人が二人とも KOHH さんのことを知っていて、聴かれているんだなと思いました。

K　どうなんですかね。聴いてる人もいるっぽいですけど、わかんないです（笑）。

――最近はどんな曲を作りましたか？

K　きのうDutch Montanaと一緒に遊んでたら、Dutchさんがおもむろにビートを流しはじめたので、それにあわせて一曲作りました。「We in the same boat」っていう曲なんですけど、Dutchさんが数日前まで日本にきたマレーシア国王の使者みたいな人たちをアテンドしてたらしくて、そのときに「We in the same boat」っていうワードが出たらしいんです。それで「その言葉がすげえ残っててさ、それで作ろうと思ったんだよね」「いいじゃん、じゃあ作ろう」っていう感じですね。

――絵のほうは相変わらず気が向いたら作るっていう感じですか。

K　気が向いたらですね。最近また新しい絵の描き方を見つけて。ノートに油性ペンで描いてると裏の紙に滲むんです。だから一枚目を描いたら、次のページはもう無地から描けない。その滲んだインクから描きはじめて、また次のページも新しい滲みから描きだす、みたいな描き方をしてます。

――めっちゃおもしろいことやってますね。

K　そうっすか（笑）。「もうこのページ最初から色あるわ」みたいな感じで、「じゃあこの色を使って描こう」っていうふうに描くことがはじまっていく。いろんな色を使ってるんですけど、また次は別の滲み方をするから結構いい感じなんです。

――最初にその描き方を発見したときっていうか、滲みを見たときはどういう感じでした?

K「このページはもう滲んじゃって使えねえから、これを使おう」みたいな感じで、破って捨てられるけど捨てるんだったから逆にここから描こうと思ったんです。スケッチというよりも、作品の第一歩目が最初からある。ノートを開いたら、「これからはじめてください」っていうのが既にあるみたいな。

――七月にまた絵の個展をやるそうですが、その絵はたとえばギャラリーだとどうやって見せるんですか? ノートで展示するんですか?

K そうやってできた一ページはもうひとつの作品なんで、完成したらノートから剥がして額にいれます。だから知らない人が見たらそれぞれはまったく別物で、ノートの滲みから生まれたっていうのはわからないと思います。

個展は、去年の一二月にコンサート&ギャラリー(「KOHH "DIRT" CONCERT & GALLERY」)を恵比寿のリキッドルームでやって、そのときからまた作品が増えてきたので、新しいアルバムのアートワークをやってくれたアートディーラーさんの作品も一緒に展示しようということになりました。リキッドルームはギャラリーが併設されてたけど、今回はギャラリーとライブは別々の場所でやります。

――そのアートディーラーさんとはどういう繋がりなんですか?

K　Keith Apeとやった「It G Ma」のビデオを撮ったときにはじめて会いました。The Cohortっていうクルーの周りの人で、Keith Apeのアートワークとかもやってる人なんですけど、「It G Ma」のビデオも作っていて、その人の世界観がすごくいい感じだったんで今回お願いしました。

――いくつくらいの方なんですか?

K　二〇代後半から三〇歳くらいだった気がします。

――「It G Ma」のビデオはYouTubeでの再生回数が二二〇〇万回を超えていて、実際にすごく聴かれてると思うんですが、それで何かが変わったという実感はありますか?

K　外国人に知られるようになったくらいですかね。あと「ありがとう」と言われたりします。曲のなかで言っているので、「ありがとう」で覚えてくれた人がいっぱいいるみたいですね。

――「ありがとう」で覚えてくれたっていい話ですね。

K　いいっすよね（笑）。超いいんですよ。

――絵を描くこととラップとの相互作用はありますか？

K　ラップだったら、このワードがよかったからまた使おうっていう、自分のなかでの流行りワードみたいなものはあるかもしれないです。たとえば絵だったら色だったり、どういうかたちのものを描くかってことだったり、気に入って何度も描くものはあるから、それと同じ感じです。

――要するに次のページに裏移りした色が、ラップで言うとKOHHさんのなかに残った言葉っていうことですか？

K　そうです、そうです。普通は裏移りしたら捨てちゃったりしますよね。あと、汚れとかもおなじで、絵を描いてて手についた汚れが紙についちゃっても、むしろそれをもっと増やそうと思っていっぱい絵を汚していく。そういうことはよくあります。

――KOHHさんの音楽を聴いていて、頭のなかに残る言葉っていっぱいあるんですけど、ある意味それと近いような気がします。KOHHさんが前に仰っていたことで言うと、ノイズだったり不協和音もそうなんじゃないかと思うんですよ。うるさいものだから避けるものというか、そういう意味では滲みとか汚れっていうのも同じで、普通は捨てるものですよね。でも、逆にうるさいっていうことは、その分、意識に残るものじゃないですか。

K 残っちゃってるんですよね。

―― そうやって頭に残っちゃってる言葉の方が、生みだそうと思って作るものよりもKOHHさんにとっての強い言葉と言えるんじゃないかと思います。

K そうですね、自然発生がいいです。

『DIRT』から『DIRT Ⅱ』へ――〝叫び〟と遊び

―― 『DIRT Ⅱ』に収録されている「Die Young」のリリックはどういうふうに書いたんですか?

K 二回くらい違うリリックを書いて試したんですけど、二回目の方に落ち着きました。最初はもっと早い、最近のフロウらしいフロウでやったんですけどしっくりこなかったんです。

――　KOHHさんの音楽は「なんでもない」というか、取るに足りないっていう意味ではなくて、ジャンルレス、ボーダーレスな感じがして、聴いた瞬間にただわかるのは「KOHHだ」っていうことだけという感じがします。

K　ジャンルとかそういうことは自分でもよくわからないです。

――　でも、それが一番大事で、KOHHさんのすごいところだと僕は思います。「こういうトラップあるよね」っていう話ではまったくない。

K　確かに、特に「Die Young」に関してはそういう感じは強いかもしれないです。なんでもない、「ただの曲」っていうか。

――　でも、そう考えると、韻を踏むところは踏んでいますよね。

K　だから「ラップとかから派生した何か」みたいな感じですかね。なんか、韻はちょっとでも踏まないとできないです。一文字、二文字でも、同じような母音じゃないとできない。自分のなかで気持ちよくないっていうか、なんでかわかんないですけど。

――　なんでかわかんないけど気持ちよくない？

K　はい（笑）。そこが遊びなんで、韻を踏まないと「ただの歌詞」っていう感じで遊びがなくなっちゃうんですよね。もしおれがまったく韻も踏まずにやったらおかしいと思いますもん。もちろんそれはそれでいいと思いますけど、おれがそれをやるのはやっぱり違う気がします。

――そもそも次の『DIRT II』は、どうして「II」なんですか？

K　世界観が繋がってるからですかね。聴いてて心地いいアルバムではないっていうか、「ああ～、しあわせ～」っていう感じよりももっと「うわあ……」ってズーンとなるアルバムです。

――それが、やってて気持ちよかった？

K　そうなんだと思います。なんでかわかんないですけど、気づいたらそうなってました。全然そうじゃない曲もいっぱいあるんですけど、いろんな世界観の曲があるっていうよりも、『DIRT II』は重い曲、似たような世界観のものが詰められたアルバムになってます。だから『DIRT』と『DIRT II』しか聴いてない人は、それがおれの全部だと思うんだろうなとは思うんですけど、ただそういうのを集めてパックしただけです。

――『DIRT』のときはジャケットをホログラム素材にして、二度と同じふうに見えない作りにしていたじゃないですか。ある意味、『DIRT Ⅱ』からも二度と同じふうには聞こえない言葉っていうような印象を受けました。

K　同じワードでも、音とか歌いかた、声の出し方で違うワードになると思います。

――やっぱり自分の声についてはかなり意識されますか？

K　声の出し方は考えますね。歌う言葉によって、この言葉にはこういう声の出し方をしようっていうことを考えてやってます。喉だけじゃなくて、顔とか表情でも声って変わると思うんですよ。例えば『DIRT』の「一人」っていう曲は泣いてるような声で歌ってるんですけど、おれだけじゃなくて聴いてる人の表情もそういう顔になっちゃうような声の出し方をしたいと思って歌いました。リリックとか内容にあわせて自然とそうなっていく部分もあるんですけど、結局はいろいろ試すなかで一番気持ちいい声の出し方に収まります。

――例えば自分のなかにまだ眠ってる声の可能性というか、発明されてない声があるんじゃないかっていうことは考えますか？

K　一生あると思いますよ、死ぬまで。マジで無限だと思います。

「Now」とか「Living Legend」では叫んでるんですけど、あの頃はあれが自分のなかで精一杯の〝叫び〟だったんです。でも、新曲の「Die Young」とか「I'm not a rockstar」も含め、いまはいろんな種類の〝叫び〟が出せるようになってきました。

――「Living Legend」を聴いたときにひとつの突き詰めたかたちだなって思ってたんですが、「Die Young」を聴いたらさらにその先に行っていて、びっくりしました。

K　まだまだあるんじゃないすか。

――じゃあ「Die Young」はわりと無理なく録れた感じですか？

K　そうですね。

――あの曲は「Living Legend」の延長線上にあるようにも思えるんですけど、さらに一足飛びに進化しているような気がします。詩情がもっと深く静かに滲んでいるというか、感情があふれだしているように思えます。

K　あとは声にわざといやだと思うような加工かけたりすることもあります。聞き取れないくらいディストーションかけると、もう言葉じゃなくて〝音〟になるんですよ。そうすると声が楽器になるので。

――ヒップホップってなんでもありのジャンルっていわれるわりに、意外とそうじゃなかったりするじゃないですか。ほかの人がどうということじゃないですけど、ヒップホップっていう形式自体にそういう印象がある。でも、KOHHさんの『DIRT Ⅱ』を聴いて、本当になんでもありだなって思いました。それは例えば絵だったら、ジャクソン・ポロックがインクをこぼして使っていったりしたこととか、それこそKOHHさんが絵を滲みから描き出したみたいに「そういうやり方もあったか！」みたいな感覚というか、そういうふくらみを『DIRT Ⅱ』も帯びていっているような感じがしました。

K 「ヒップホップはなんでもあり」ってたまに聞きますけど、ヒップホップってなんでもありじゃない気がします。ヒップホップはヒップホップだし、逆になんでもありだったら、それはもうヒップホップじゃないというか。なんでもありはなんでもありだなあ、みたいな（笑）。

――だからKOHHさんの音楽を聴いていると、あまり使いたい言葉ではないですけど「アート」ってなんでもありだなっていうのを改めて認識させられます。

K おれはなんでもありですね。

感情の発露と〝説明しようのないもの〟

―― 刺青もリリックとか絵と同じようなところはありますか？

K 一緒だと思いますね。リリックみたいなもんです。なんて言ったらいいかわかんないけど、自分を表現してるというか、自分のことを何か言う代わりに刺青を入れる。例えば「北区出身なんで」っていちいち言わないじゃないですか（笑）、だから自己紹介みたいな感じですかね。刺青を見たらおれがどんな人間かわかると思います。

―― 手に「楽」っていう漢字を彫っていますよね。

K 首に彫ったマルセル・デュシャンのモナリザと「楽」は最初から決めてたんです。二年前くらいに彫ったと思うんですけど、そのあとMONY HORSEも彫って、それからも彫って欲しいっていう地元の友だちが増えたので、いまはみんなの「楽」をおれが彫ってます。なんとなく「楽」がいいと思ったんですよね。

―― 日常は「楽」なものですか、ヘビーなものですか。

K 楽だと思いますけどね、楽だと思えば。たとえば嫌なこととかがあっても、ほぼ「まあいいや」って思うんですよ。

――KOHHさんの刺青は見ていて気持ちがいいですよね。

K　気持ちいいってなんですか（笑）。

――いや、いまお話を伺っていてひとつ繋がるところがあったんですが、たぶん刺青って誰の目からみても心地いいものではないじゃないですか。でもそういう意味では『DIRT Ⅱ』とKOHHさんの刺青って同じなのかもしれない、と思いました。

K　ああ、確かにそうですね。刺青はほとんどの人が「うわっ」て思うんじゃないですか（笑）。

――それに、「北区」にしても「楽」にしても、KOHHさんが刺青で書かれている文字って、例えば外国人が見たらわからないじゃないですか。それでも「いいな」って思う人は世界中にいっぱいいて、それってKOHHさんの音楽もまさにそうなんだと思うんです。KOHHさんに向かって「英語でやったらいいじゃん」みたいなことを言う人ってたぶんいないと思うんですよ。それこそさっきの「It G Ma」の「ありがとう」の話は象徴的ですよね。

K　うーん……、深いですね（笑）。でも、なんかわかります。

――それこそKOHHさんは言語を刺青化しているっていうか、記号化しているようなところがある気がします。意味がわかんなくても聴いていてかっこいいというか。

K　難しいですね（笑）。

――曲とか絵を作る以外に、普段はどんなことをなさっているんですか？　最近おもしろいと思ったこととかあれば教えてください。

K　最近は今までは起きなかったようなことがいろいろ起きておもしろいですよ。フランス大使館に呼ばれたり、おれの幼なじみが『THE NEW ORDER MAGAZINE』っていう海外のおしゃれな雑誌のモデルに誘われたりして。

――フランス大使館で外務大臣とお話しなさっていましたよね。

K　セイ・ハローしました。

――もはや何が起こってるのかわからなかったんですが（笑）。

K　おれも意味がわからないです（笑）。フランスのブロマンス・レコーズっていうレーベルがあって、そこのSAM TIBAっていうＤＪがおれの「PARIS」っていう曲のリミックスをしてくれてるんです。このあいだそのSAM TIBAが日本にきてるときに一緒に曲を作ろうって話になって、スタジオに入ったら何人か大人たちがきて、そのときは挨拶してすぐに帰っちゃったんですけど、そのなかにアンスティチュ・フランセの映像放送担当の人がいておれのことを気に入ってくれたらしいんです。それで、外務大臣とか政治家がいっぱいいるパーティーに呼ばれて、行ってきたんです。

――日本の外務省の役人とか、たぶんKOHHさんの音楽を聴いてないと思うんですよ、びっくりしたでしょうね（笑）。

K　そうですね（笑）。おれみたいな人いなかったんで、「なんなんだ、あれ？」「なんでこんなやつここにいるんだ」って思ってたんじゃないですか（笑）。

――でもKOHHさんの音楽がそうやって伝わっていっているっていうのはすばらしいことですよね。ちょっと話は変わりますが、最近はなんかおもしろい音楽見つけましたか？

K　The Virus and Antidoteっていう人がマジでヤバかったです。たぶんアメリカの人なんですけど、「うわ、おんなじ感覚のやつらだ！」って思いました。たぶんThe Virus and Antidoteはビートメーカーなんですけど、この人の音に乗っけてラップしてる人たちも同じマインドで、それこそ叫んでて、韻もちゃんと踏んでるしリズムもおもしろい。まだ別に再生回数が多いとかっていうことでもなくて、あんまり見つかってないっぽいです。めちゃくちゃ重い音に邪悪な声で、今までのラッパーではありえない声の出し方でラップしてる。ビートも基本はトラップのリズムなんだけど音が邪悪で、めちゃくちゃヤバかったです。

――今仰った〝邪悪〟っていうのもひとつのフックかもしれないですけど、このあいだお話を伺った際に、不協和音に惹かれるっていうようなお話をされていましたよね。例えばニルヴァーナだったり、他にもマリリン・マンソンだったり、突き詰めればそういう音楽のどういった部分に惹かれているんですか？

K　ニルヴァーナは聴いてていろいろな心の動かされ方をするところがありますよね。楽しかったり、悲しかったり、それこそ「うぅ……」ってつらくなるところがある。マリリン・マンソンはそういう感じじゃないですね。音の加工の仕方とか技術がすごい。それこそ音楽には人間性と技術とそれぞれの部分から反映されるものがあると思うんですけど、それでいえば、ニルヴァーナはとにかく人間性の部分から出てくる力がめちゃくちゃ強いですよね。音のエディットとかミックスとか、そういう技術の部分にあんまり重きをおいていない感じがして、なのにめちゃくちゃ心を動かされる。

――それこそKOHHさんは以前ブルーハーツも聴いていると仰ってましたが、与える感情とか表現は違うけど甲本ヒロトも同じ〝説明しようのないもの〟を発していたと思います。

K　技術じゃなくて感情ですね。例えば、ある人が女に振られたとして、その状況も含めて相談された人たちが「これはこうだから絶対こうしたほうがいいっしょ」って客観的な意見を言ったとするじゃないですか。でも、振られた当事者はそんな正論はわかりきってるというか、まわりからいくら正論を言われても、結局感情が勝っちゃうんだろうな、って傍から見てても思うことってある。やっぱり正論より感情だなって思います。もちろん正しい方向がわかってたらそっちに行くこともできるんだけど、感情が勝っちゃう場合はいっぱいありますよね。

――それこそ音楽を作っているとき、レコーディングとかライブのときは「感情」のことを意識していますか？

K　いや、意識はしてないですけど、自然と感情的になっているとは思います。

――その感情がどうやったら伝わりやすいかっていうことも考えて作っていますか？

K　それはまったく考えてないです。どうやったら自分にとってわかりやすいかっていうことは考えるし、例えば自分で録ったものを聴き直して、あんまりしっくりこなかったら録り直したりはしますけど、こうした方がみんなにとってわかりやすいかなっていうことは意識しないですね。

でも、ライブとかで昔の曲を歌うときに歌い方とか声の出し方が変わったりします。みんなが気づいてるか気づいてないかはわからないですけど、そういう部分は確実におれのなかではありますね。そのときの気分でこうしたいなって思うというか。それこそ感情と言えるのかもしれないですけど、歌い方も含めて、全部そのときの気分によりますね。

二〇一六年四月二七日、agnès b. 青山店にて収録

第6章　パーティー・ヒップホップ・ヨコハマ

MARIA（聞き手＝二木信）

――今日のインタビューは、まもなく発表されるアルバム『Pieces』（取材日は二〇一七年一〇月六日）のことを中心に、そこからMARIAというラッパーがどういう存在なのかということを探っていければと思っています。本題に入る前に、奇しくも今日はMARIAさんの新居へのお宅訪問というかたちになったのですが（笑）、この家は買ったんですか？

MARIA（以下、M） 買いました（笑）。新しいアルバムにかかわることでもあるんですが、『Pieces』のなかに「Bad City ～Yokohama～」という曲があって、それを書いているときはさがみ野に住んでいたんですよ。それで年齢的にも、六五歳でローンを完済するならそろそろ家を買うタイミングじゃない？と思っていたし、そう考えたときに「Bad City ～Yokohama～」っていう曲を歌っているのに横浜に住んでいなかったらマジでワックになると思って、とりあえず地元の横浜に帰ろうと思った。その結果、ここに辿り着いたんです。

――「Bad City ～Yokohama～」をリアルにするために家を買った（笑）。リアル・ラッパーですね。

M そうでしょ、それがヒップホップ（笑）。車のナンバーも絶対横浜にして歌わなきゃダメでしょ、と思いながら引っ越してきました。

――今回の『Pieces』はSUMMITではなく自主レーベル「Flex Christ」からのリリースで、もちろんSIMI LABを抜けたわけでもないし、今後もSUMMITとも一緒にやっていくと思うんですけど、ひとつ大きな変化を迎えているようにも思います。

M　このあいだWREPでやっているラジオ番組『GIRLS BLAST』の観覧席でひとり泣いている女の子がいて、「SIMI LABの頃から好きでした」って言われたんですよ（笑）。本当によく言われるんですけど、SIMI LABはまだやっていますからね。今回もSUMMITと揉めたとかいうわけじゃなくて、SUMMITのファンの人だったらわかると思うんですが、リリースに当たって戦略を練ってサプライズ的な仕掛けを作ったりするのが上手じゃないですか。でもわたしはそういうのが苦手なタイプで、ヤバいのができたらすぐみんなに聴かせたいって衝動で動くスタイルなんです。だからそのタイミングとSUMMITとの見せ方というのが合わなくて、自主レーベルで出したほうが早いと思って話しあった結果、自分が後悔しないやり方でできればということになりました。

そういう意味では自分の力を試したいとかそういう気持ちがあったわけではなくて、むしろ頼れるものなら全部頼りたいぐらいのレイドバックなスタイルなんです。ただちょっとこだわりが強いので、誰かひとり挟むだけでも、こっちの意見がちゃんと伝わっているのかわからなくなっちゃう。それならダイレクトにやったほうがいいなと。結局自主レーベルでやってみたものの、わたしはそれほど裏方的なことをやったわけじゃなくて、流通のこととか、いろいろな人が応援してくれたから成り立ったようなものです。だからみんなの力がそれぞれあわさってできたアルバムだから、『Pieces』というタイトルにしました。

――例えばファーストアルバムの『Detox』のときとか、これまで作品を作っていくなかで味わったことのない経験でしたか？

M そのときは恩知らずで、任せっぱなしだった（笑）。なにか頼めばやってくれる。だけど今回は自分でやらなくちゃいけないし、いろいろな人に助けてもらいました。

――レーベル名の「Flex Christ」というのはどういう意味ですか？

M 特に長渕剛を見ていると思うんですけど、音楽って完全に宗教だなと思うんですよ。わたしはキリスト教を強く信じているわけではないんですけど、親がキリスト教徒で、だからMARIAっていう名前なんです。だから音楽＝宗教＝神で、Christ。もうひとつはとにかく固い話が嫌いというか、変な話、時間にルーズなこととか気にならない性格なので、そのふたつを組み合わせて、Flex＝柔軟な、Christ＝神としました。そんなに大した意味はないです、フレックスに生きたほうがいいなと思って（笑）。

――そうした変化の理由はどういうところにあると思いますか？

M　今まではSUMMITの人と相談したりしながら方向性を決めていったりもしていたけど、今回は自主だったのでそういうこともなく、自分と向き合うことが多くなったのが大きいですね。くわえて、それなりに大人になって、審査員として「高校生RAP選手権」に出て若い子と触れあったりするなかで、自分がそれぐらいの年齢だったときのことを思い出したりしたんです。そういう経験を経て、『Detox』を出したときと今回とでライフの語り方が変わってきたところはあると思います。

――それがより率直なリリックとして表れている。

M　ファーストより素直になったと思いますね。たとえば一曲目の「A.W.A.R.E」だったら、わたしもみんなとそれほど変わらないよっていうことを歌っている。聴いてくれている人たちにとってのMARIA像っていうのがどういうものかわからないけれど、PVとかを見ている限りでは、たぶんちょっとキツい、強めのイメージを持たれていると思うんです。まあ確かにちょっと強めなんですけど（笑）、わたしは横浜に住んでいて、家があって、お母さんにもすぐ会える、お金を稼いできてくれる男もいるし、イケメンでマッチョだし……っていうふうに、全部手に入っていると思っていても、結局はみんなと同じでもっと先があるんじゃないかって思っていたり、自分へのうしろめたさのようなものを抱えている。人間って満足しない生きものなんだと思うんですけどね。

ビッチはヒップホップの文化だけど

――アルバムでは決してそういうイメージ一辺倒ではないけれど、例えばKOWICHIとの「Gangsta Bitch」や、DJ SOULJAHとKOHHと一緒にやった「aaight」のように、「セクシーなフィメールラッパー」というキャラクターで客演することが多いじゃないですか。ラッパーとしてセクシュアルな側面についてはどのように考えていますか？

M セクシーかどうかっていうのは雰囲気だと思うんですよ。その人がどういう形をしているかじゃなくて、エネルギー的なもの。それでそのエネルギーがどこからくるかというと、やっぱりセックスが好きかどうかだと思う（笑）。一方で、なんで日本のヒップホップに黒さ、ブラックミュージック的なグルーヴが足りないかって考えたときに、それもそこに繋がっていく気がする。日本って世界一セックスが少ない国なんですよね。それが足りてれば、絶対グルーヴィーになると思う（笑）。ソウルとか最近のトラップを聴いていてもそうだけど、アメリカはみんなプッシーが好きだから。例えばヨー・ガッティ（Yo Gotti）とニッキー・ミナージュ（Nicki Minaj）の「Rake It Up」っていう曲とか、歌詞を見てみると「オレはプッシーのために待つぜ」「オレはプッシーのために金払うぜ」「神様マジゴメン、オレプッシーのためにひざまずく男なんだ」みたいな感じだし、みんなプッシーのために働いている（笑）。だからこそ、あれだけグルーヴのあるおもしろい曲が生まれてくるんじゃないかと思っています。

――その話にもつながると思うんですけど、「第9回高校生RAP選手権」でちゃんみなとReichiというフィメールラッパー同士のバトルがあったときに、Reichiがちゃんみなのことを「肉便器！」っていう言葉を使ってディスっていましたよね。Reichiはおそらくビッチという意味合いで、よりドギツイ「肉便器」という言葉を選んだと思うんですけど、現場で見ていてどう思いましたか？

M　わたしは日常的に使うので、そこまでショックはなかったです。「そういう使い方がいいよね」みたいな（笑）。女同士でラップするんだったら「肉便器」くらいは言ったほうがいいんじゃないですか（笑）。たしかに一般的にキツい言葉ですけどね。

――アルバムに話をもどせば、ZORN THE DARKNESSをフィーチャリングした「Life Goes On」という曲では、若い女の子に向けて男女の関係のことや、HIVやセックスのことを歌っていますよね。

M　それこそ「高校生RAP選手権」もそうですけど、ヒップホップが流行ってきてると思ったから、この曲を書いたんです。要するに、ヒップホップで歌われているようなことを真に受けるバカが出てくると思った。ゴムしない、中出しOKみたいな、男だけじゃなくて、リリックを聞いてそういう女でいなきゃいけないのかもしれないって思い込んじゃう女の子が出てくるんじゃないかと。わたしはそういうときに「てめえ、ふざけんな」って言えるからいいけど、そういうことを言えない女の子がクラブやヒップホップの文化に触れたときに身を守れないかもしれない。

――ヒップホップ文化のなかで、女の子がビッチっぽく振る舞っちゃうということですか。

M　実際に何人か、ビッチでいることがカッコいいということを勘違いしているなと思う女の子に会ったことがあるんです。わたしのまわりにもビッチは何人もいるんですけど、そいつらは完全に遊ぶのがただ好きなだけのバディスト・ビッチ（Baddest Bitch）なんです。でもそうじゃなくて男に流されている感じの若い女の子も多くて、心配になって「Life Goes On」を書きました。

――ある種、お姉さん目線から一〇代の子に向けて気をつけなよ、ということを歌っているんですね。

M　別に一〇代で三〇過ぎの人と付きあうのはありだと思うんです。だけど子どもができちゃったときに、女の人は一度ストップしなきゃいけなくなっちゃうじゃないですか。たとえその先になんらかの可能性があったとしても。そういう意味でも、結局若い子は大人のようで子どもなんです。男の人は、子どもができたとしても、クソなやつは逃げたり、外国人だったら国へ帰ったりいろいろできるじゃないですか。でも女の子は逃げられない立場にいるから、もし自分のやりたいことがあるなら止まらないでほしいし、そういうことが起きそうになったときにこの曲が脳裏をよぎってくれたらいいなと思います。

――客演のZORNがいい役割を果たしていますね。

M 結局、女の子だけにそれを伝えても、男の人にもそれが伝わらないと根本的な問題は解決されないと思う。例えばローリン・ヒル（Lauryn Hill）の「Doo Wop (That Thing)」も女と男の両方に向かって言っているじゃないですか。「女の子たち気をつけて、あの男たちはアレしか考えてないから。男たち気をつけな、あの女たちはアレしか狙ってないから」って。そういうインスピレーションもあって、ZORNは娘もいて若い男の子に影響力があるから、男にも嫌味なく伝わるんじゃないかと思って参加してもらいました。「娘としゃべる気持ちで書いて」と言ってリリックをお願いしました。

ビッチはヒップホップの文化だと思うんですよ。わたしもヒップホップのPVをいっぱい見てきて、常にチャンネーに囲まれてるラッパーを見て育ってきたから、それはいいと思う。ただ、なんでもＯＫじゃないよ、自分のなかのルールはちゃんと持って、ということです。

――「Life Goes On」に象徴的なようにアルバム全体を通して自分よりも若い人たちに語りかけたり、また日本のラップやヒップホップ文化への違和感を表明する側面もありますよね。

M たしかにそうだと思います。「Tired」はまさにそういう気持ちで書いた曲です。日本でラップはたしかに流行っているけど、「こんなクソみたいな曲が売れてんの？」「ヒップホップ界もアイドル化？」みたいな気持ちになることが多くて、結局ヒップホップっていう枠は広がっても、そういう部分で動くのか、ショボいなと思うことも多かった。やっぱりこのシーンには興味ないわ、うんざりって、そういう意味で「Tired」を作りました。結局キャッチーなところばっかりがお金になるんだったらわたしはやらないし、このアルバムも売れたいとか有名になりたいというよりは、やりたい音楽をやっただけという感じです。

わたしは間違いなくここを目指していた

――MARIAさんのヒップホップの考え方やグルーヴというのは、地元である横浜の石川町・元町のクラブなどで作られていったんですか？

M　いちばん大きかったのは米軍基地のなかで育ったという環境ですね。そこでは最新の音楽といえばヒップホップだった。小学生のときから好きだったんだけど、そのときはネットもないし「ヒップホップ」っていうジャンルを知っていたわけじゃなくて、とりあえず黒人がやっている音楽だっていうことだけしかわからなかった。それで、うちのお母さんに好意を寄せてるダーネルっていう黒人がいて（笑）、ダーネルに「わたし、多分黒人の音楽が好きなの」っていう話をして、ブラックストリート（Blackstreet）のCDを貸してもらった。結構セクシー系のエロい曲が多くてそのときはそんなに好きじゃなかったんだけど、それしか聴くものがなかったから飽きるぐらい聴いたので、いまでも自分に染みついたグルーヴの一部です。

そのあと母親にも同じ話をしたら、「ママ、黒人のCD二枚持ってるよ」って言って、2パック（2PAC）の『オール・アイズ・オン・ミー』とパブリック・エナミー（Public Enemy）のアルバムを貸してくれたんです（笑）。もちろんその二枚も飽きるほど聴きました。

小学生って本当にまっさらだから、人間が形成されるなかで一番影響を受ける年頃だと思うんですよ。その時代にヒップホップ／R&Bを好きになったのは本当に大きかったです。ほかにもスマイルズ&サウススター（Smilez & Southstar）の「Tell Me」っていう曲のPVをよく見ていた記憶がある。ビートの元ネタがスタイリスティックス（The Stylistics）の「Stop, Look, Listen（To Your Heart）」で——のちにマーヴィン・ゲイ（Marvin Gaye）とダイアナ・ロス（Diana Ross）が一緒に歌ったりしているけど——、アジア系の男の子と黒人がラップしているんです。もちろん当時は曲のネタとかなにも知らずに観ていたんですけど、そのPVの「カッコいい兄ちゃんとめっちゃセクシーな姉ちゃんが踊っている」という漠然としたイメージがその後のわたしを作りあげた大きな要素のひとつで、「わたしもこうやって踊りたい！」と思うようになった。そうしたものが、初めてクラブに行ったときに全部納得できて、「わたしは間違いなくここを目指していた」と思ったんです。

——そう考えると、MARIAというラッパーとしてSIMI LABやソロでライブをするようなクラブと、最初にMARIAさんが感動して形作られてきたブラックミュージックが流れるようなクラブというのは、ちょっと雰囲気が違いますよね。そのことはどういうふうに捉えていますか？

M　ぶっちゃけ日本語ラップオンリーのイベントとかに呼ばれるとキツいです（笑）。わたしがクラブに何をしに行っているかというと、女友だちといい男を見つけて騒いでワイニー（腰を振るダンス）する、っていうことを楽しみに行っているんですよ。音を聴きに行っているとかきれいごとじゃない？　とか思っちゃう。「嘘でしょ⁉　暗いところ、めっちゃ人いる、今日オシャレしなくてどうすんの⁉」っていう感じです。わたし日本語ラップのイベントとか出ていても「わたしの次の曲エロいから、ワイニーできんの今しかないよ！」ってステージで言っていますから（笑）。

――『Pieces』のなかで言うと、「Linda」は男女の出会いをセクシーに描いた曲ですよね。「Linda」というのはどういう意味なんですか？

M　「Linda」はスペイン語圏の人がよく使う言葉で「キレイな人」という意味です。アメリカではセカンド・ランゲージとしてスペイン語を習うからみんな多分知っていると思います。リリックで「リンダってその呼び方クセになるじゃん、やめてよ」っていうようなことを言っているんですけど、要するに、ラテン系の男といい感じになってる、っていう歌ですね（笑）。その男とは最初はクラブで会うわけだから夜しか会わないんです。で、次の週も行ったらいる。そういうことを繰り返しているんだけど、それがクラブだけじゃなくて、自分のリアル・ライフに踏み込んできた、という。「今晩だけあなたのベイビーになってもいいよ。いや、ちょっと待って、やっぱり人生あげてもいいかもしんない」みたいな。「一晩本気な感じでいこうぜ」というエロい曲です。

――例えば、MARIAさんがいま話してきてくれたような、ブラックミュージックやヒップホップを聴いて踊ることの楽しさとか、そういうのを味わいたいなというときに行くクラブやパーティーというのは決まっているところがあるんですか？

M ありますね。今は毎週六本木に行ってますよ。このあいだは六本木のクラブにいた一八歳から二〇歳ぐらいのハーフの女の子のグループが、わたしのことを知っていて、「MARIAさん！」って話しかけてきたんです。その子たちが「ショットおごらせてください！」って言うからその日は結構飲みました（笑）。ベロベロに酔っていたんですけど、メッチャ騒いで踊りまくっていたら、ステージの黒人のサイドMCが「おい、おまえステージ上がれよ！」って言ってきて、なぜかわたしが上がってラップをした（笑）。でも、みんな外国人だから、わたしがラッパーだとか知らないの。ハーフの子たちをみんなステージに上げて、「ケツ振れ～！」って言って。めっちゃ楽しかったです。

――ラッパーとしてではなく、純粋に遊びに行った現場でMARIAさんのことを知っている若い子たちがいて、ラップしたり踊ったりしたんですね。

M お客さんとして観光客がたくさんいたんですけど、その人たちにはいい思い出になったんじゃないかと思いますね（笑）。

――MARIAさんのなかで遊びで踊りにいくことと、ラッパーとしてライブをやることというのは分かれているんですか？

M　そうですね。でもどっちの面からも理想的だったイベントが二つあるんです。一つは「GRID」っていうイベントで、それはチカーノの音楽とか、ウェッサイ（ウェストコーストのヒップホップ）、ソウルや今の新しい音楽を全部同じように聴いている人たちがやっているんです。お客さんとも波長が合うから、自分のライブも楽しくて、すごくリラックスしてできる。終わったあとも踊って楽しめました。

もう一つよかったイベントは、「SPASA」っていうお酒のプロモーションの曲を出した縁で出演することになった、わたしの出身地でもある青森の三沢でのライブ。三沢基地の目の前にあるDACHAっていうクラブだったんですけど、お客さんが全員外国人だったんですよ。米軍基地って門限があって、夜の一時には帰っちゃうんですけど、わたしは一応英語を話せるから「軍人がいるときにライブしてもらおう」ってことになったみたいで、夜の一二時ぐらいにライブをした。六本木のクラブでもそうなんですけど、外国人が多い環境って、流れている曲もふくめ、リラックスできるからホームのような感じでした。三沢の人たちもメッチャノリがよかったし、わたしと同じような境遇の人がいっぱいいて、同じようなところで育った人もいました、

――今回のアルバムの「Just Good Friends」で共演しているシンガー／ラッパーのMoNaは日本のチカーノカルチャーのシーンで活躍している方ですよね。彼女とはどうやって知り合ったのでしょうか。

M　MoNaは元々はイベントで会いました。もちろん歌は上手いんですけど、それ以上に表現力がすごいという印象があったので、「一緒にやったら合うだろうな」と思っていたんです。まわりからもやってほしいと言われたりしていたんですが、そのイベントから一年ぐらいあいだが開いたんですよ。今回のアルバムで、レイドバックしたアメリカのベイエリアのようなイメージのビートがあったので「MoNaちゃんはどうかな」と思って声をかけたら、「喜んで」って感じで参加してもらいました。

――いわゆる日本語ラップのノリと「GRID」や三沢でのイベントのようなノリがミックスされるのが理想だったりしますか？

M　ありますね。六本木で出会った外国人とかには「わたし、ラッパーだからCD買っといて」とか言って、めちゃくちゃ広めています。PVを見せたりすると、みんな超テンション上がってる。「ヤベえ、メッチャ再生されてんじゃん！　こいつマジ、ラッパーだぞ」って言ってくるんです。

横浜というホームタウン

――結果的に新居を買うまでにいたった「Bad City ～Yokohama～」は、まさに地元の横浜についてラップしていますけど、横浜はどんな街だと捉えていますか？

M この曲は同じ地元のMACCHOさんと、Shaka Digitalさん――FIRE BALLのSTICKOさんといったほうがつたわると思うんですけど――に参加してもらいました。わたしは米軍基地で育ちながら日本の学校に通って、伊勢崎町だったり、黄金町だったり、横浜のゲトーと言われるところで揉まれてきたので、「横浜って、よく言われるような、そんなオシャレなもんじゃねぇぞ」という気持ちがあって、本当の横浜を見せたかった。

わたしが日本のラッパーでカッコいいと思う人は何人かしかいないんですけど、そのなかの一人がMACCHOさん。ずっと聴いてきてバイブルのような感じなんです。STICKOさんはもうメロディー・ラインが言葉で説明できないぐらいすごい。グルーヴとヴァイブスの塊のグループだと思います。それで、何がMACCHOさんとかFIRE BALLをこんなヤバくしているのか、って考えたときに「この街だ！」と思ったんです。

昔の横浜にはローライダーがたくさんいて、山下公園が全部ローライダーで埋まっていた。わたしが中学生ぐらいのときだから、一五年ぐらい前だと思うんですけど。それまでは山下公園にもガッツリアメ車がいて、みんな自分のアメ車を見せ合いに来る。そこになぜか気合いの入ったチャンネーがいっぱいいて、みんなナンパしているみたいな感じでした。当時、みなとみらいにGASPANICがあって、ローライダーもみんなガスパに行く。わたしは中二の終わりか中三くらいでガスパに行っていました。アメ車、みなとみらいがステータスの時代だったなと思います。

――それがMARIAさんにとっての横浜の原体験なんですね。

M そう。当時の桜木町は壁にグラフィティがあったり、アヴァランチもあったりして、完全にヒップホップの街だったんですよ。そのときはウェッサイが熱い時代でした。あとはBayside Yokohama（二〇一五年に閉店）とかYokohama Bay Hallっていうクラブがあって、今は違うイベントになっちゃったんだけど、Bay Hallに「ジュエルス」ってイベントがあって、黒人がすごく多かったんです。そこには今は見ないようなシスター系のブラパンがたくさんいました。

――黒人の男性を好む女性のことを俗に「ブラパン」と言ったりもしましたよね。今はあまり使われないですね。

M むしろ「ブラパンは文化だぞ、使えよ」って思う。わたしはヒップホップが好きだからブラックに魅力を感じている部分があったと思うんですけど、その時代のTLCとかデスチャ（デスティニーズ・チャイルド）みたいな格好をしたブラパンにすごい憧れていて、当時は実際にそういう気合いの入った人たちが結構いたんですよ。ブラパンがいるおかげでブラックのハーフが生まれているわけですよ。もうブラパンに感謝じゃないですか。ブラパンがいるおかげでオムス（OMSB）も生まれているわけだし（笑）。

横浜はエネルギッシュで人がめっちゃ集まっていた場所だったので本当に楽しかったですね。その横浜が、クラブも減ってきちゃって、今ちょっと寂しい感じになっているじゃないですか。今はもう土曜日の横浜に行っても、そこまで楽しくない。あのローライダー、ブラパン、桜木町のグラフィティ、ウェッサイ、クリップス、ブラッツ、チカーノが全部存在した横浜はどうなっちゃったの⁉って思います。横浜は本来そういう街だし、そういういい時代があったっていうことを伝えたい。それにその時代の横浜に、カムバックしてほしい気持ちもこの曲にはこもっています。

――フィーチャリングで参加しているMACCHOさんも、柳ジョージやクレイジーケンバンドといったミュージシャンやバンドなどの名前を出しながら、横浜の音楽と街の歴史を振り返っていきますよね。

M　「(ヨコハマ) メリーを思う」ってあったりしますからね。MACCHOさんの実家のすぐ近くにわたしの高校があって、TOKONA-Xが住んでいた場所もその高校からすぐのところなんです。「やっぱり横浜からヤベえやつは生まれんだな」と思いました。MACCHOさんもSTICKOさんもわたしの夢であり、憧れだった。クラスの同級生に「わたし、いつかラッパーになるから」って言ってから、時間はかかりましたけど、そういう憧れていた人たちと今こうして共演しているってことにすごく意味を感じています。

――ヒップホップとレゲエの両方の人をしっかり入れているってところが横浜の歌という感じですね。

M 横浜はヒップホップだけじゃなくてどのジャンルにおいてもヤバいと思うんですよ。横浜ナンバーワン。それこそレゲエで言えば、中華街はMighty Crownの街じゃないですか。レゲエについてはあんまり話したことないんですけど、高校サボって、しょっちゅう「ラガチャイナ（Raggachina）」っていうMighty Crownの店に行っていました。そこの店員にレゲエ祭の一番前列のチケットをもらって、FIRE BALLも観たんです。

こんな楽しくて便利なところはないですよ。伊勢崎町行けば洋服屋とか夜中の三時とかまで開いてる。わたしがすごくお世話になっている「DEEP 2 DEEP」っていうお店があるんですけど、超クラブ系の服なんですよ。ロシア人とかフィリピン人とかがお客さんに多いんですけど、「やっぱ横浜はこの風景だよな」と思います。お店のお姉さんもわたしが高校生ぐらいのときから付き合いがあって、わたしが今ラップやってるのを知っているから「見たよ」って言ってくれる。
横浜にはいろいろな文化があって、横須賀も近いし米軍があるから異国の文化が入ってきやすいし、しかもアメリカ系だけじゃなくて、中華街のようにアジア系も多い。そういう独特な空気が流れている場所だと思います。

大人になってもパーティーはやめない

――アルバムの最後のほうの曲はどちらかというとシリアスなものが多いですよね。

M 重いけど優しい、みたいな感じですね。「BYE&THX」では、フックで「一人じゃないんだよって伝えたい」って言っています。もちろん聴いた人がどんな捉え方をしてもいいので、あまりR・I・Pみたいな感じは出したくないんですけど、亡くなった義理のお父さんのことを考えてできた曲なんですよね。
わたしは思春期のときに家を出されて、お母さんと義理のお父さんと住まなきゃいけなくなって、幸せな家族なんてこの世のなかにはない、そんなのはままごとだと思っていたんです。それでもちょっとわかりあえるようになってきて、わたしが「ラッパーになりたい」って言ったときに、お母さんには「そんなお金にならないものはやめなさい、他人は一〇〇円もくれないんだから」って猛反対されたんだけど、お義父さんは「音楽は絶対やったほうがいい」って応援してくれた。アメリカに行くって決めたときもそうでした。実はお義父さんも音楽をやっていて、すごくファンキーでまわりにも人がたくさんいたんですよ。だからこそ亡くなったときに、常に人に囲まれてたような人が一人きりでいなくなっちゃう、ってどういう気持ちなんだろう、って考えて、そのときに一番かけてあげたいと思った言葉が「一人じゃないよ」だと思った。

この曲のビートはQNで、『Detox』に入っているQNがビートを作った「Your Place」っていう曲もそうなんですけど、不思議なことにいつもその時々でわたしが持っている悲しかったり弱かったりする部分に入ってくるんです。今回もそんなに作り込まれた重いビートというわけではないけど、ビートをもらったときに、ワーッと入ってきて、リリックはすぐに思いついた。

「一人じゃないよ」ってリリックで励まされる人もいるかもしれないし、それぞれの捉え方のうちで聴いた人が幸せになってくれたらいいかな、と思います。

――最初から最後の曲まで順番にライブして成立するようなアルバムだなと思いました。

M 「You Are God」はお母さんと妹のことを歌った曲です。わたしは「神は自分であり、自分の良心」だと思っていて、それを二人に伝えたかった。

これも個人的な話なんですけど、お母さんは元々パニックを持っていて、全般性不安障害みたいな感じなんですけど、ちょっと前まで家から出られないぐらいだった。「なんでわたしはこうなの？」みたいな発言がすごく多くて。だから「お母さんは今弱いけど、お母さんにしっかり育てられてきたから今のわたしがいるし、それだけわたしを強く育ててくれたんだったらあなたも強いはずだよ」ということと、「自分が神だからこそ、神に見放されることなんかないよ」ってことを伝えたくてこの曲の一バース目を作ったんです。
二バース目は妹のことなんですけど、妹はめっちゃかわいいんですよ。だけど自分にこれっぽっちも自信を持てない。なぜかわたしのことを神様だと思っていて、いつまでも自分の殻から出てこないんです。「お姉ちゃんはすごくて、わたしはダメなんだ」っていうような考えが強くて、そのせいで自分の可能性をすごい潰しているな、って思うんですよ。泣いているところもよく見ているし。リリックでも「人は人だし、ウチはウチだし、鏡に映った自分をいたわってほしい」って言っています。妹は自分の見た目のことをよく言うんですが、「自分の見た目も心も自分が愛してあげないと誰からも愛されないよ」というメッセージを込めました。

——それをふまえて聴くとすごくパーソナルな作品だけど、ヒップホップ／ラップという枠を超えて、一つの音楽として聴く人に語りかけるようなものになっている。

M 今の日本にはそういう人はたくさんいると思う。でも、そういう人たちに対して何もできないのがわたしは辛くて、そういう人にも届いたらいいなって思っています。

――いろいろな経験をして大人になってきた感じですね。

M 大人になりました（笑）。大人になってもパーティーはやめないですけど。

――最後に、これからのことについて聞かせていただければと思います。

M これからはね、アルバム作らない。

――えーっ！　どうしてですか⁉

M 疲れた（笑）。アルバムはそのときの衝動で出したいタイプなので、曲を溜めてから出すっていうのが自分にとってはかなり苦痛なんです。「まだこれ出せないの？」みたいな。

今回の『Pieces』は自主で作ったアルバムだからこそすごくパーソナルな話もできたし、本当に好き勝手できました。「Lovely Day」のZONBIE-CHANGのビートとか、普段だったらヒップホップのビートを作っている人にお願いしてもなかなか伝わらないような、UKとかイタロ・ディスコのベンベンした感じのいなたいシンセを入れてくれて、すごくよかった。地元も一緒だし、ヴァイブスが完璧でした。

ぶっちゃけこのアルバムを出したら、SIMI LAB以外はラップやめようかなぐらいに思っていたんです。いまのヒップホップ・シーンがあまりにも好きじゃない世界なので。でもZOMBIE-CHANGと、アルバムの最後の曲「Smile」のGOICHIのビートを聴いたときにラップ続けようと思えた。ここまで素直に自分の気持ちを出してくる音楽は久しぶりに聴いたし、こんなにわたしの気持ちをおもしろくしてくれる人がいるんだったらまだラップしたほうがいいんだと思います。結局ビートがすべてですね。

―― 新しい音楽との出会いがMARIAさんにラップを続けさせていくのかもしれないですね。

M 最近はよくWeny Dacilloとかを聴いていますよ。Wenyがどういう出自なのかは知らないけど、彼のバックグラウンドにあるグルーヴがちゃんと音楽に出ているなと思います。ほかにもゆるふわギャングも自分たちのなかで生まれたメロディーを素直に出していて驚くし、日本語ラップシーンが好きじゃなくても、いま話題になっている人たちのなかでもいいなって思う人はピンポイントでいますね。

―― じゃあこれからもラップを続けていく、ということですね？

M 続けていきます！

二〇一七年一〇月六日、ＭＡＲＩＡ自宅にて収録

第7章　「内なるJ」と向かい合う

T-Pablow（聞き手＝磯部涼）

――これまでT-Pablowさんにインタビューをするときは、若いのにも関わらず人生があまりにも濃いので、ラップを始める以前について訊いているだけで時間がなくなってしまっていたのですが、今回はそれを前提としつつ、あくまでもラッパーとしてのキャリアについてお話を伺いたいと思います。もともと、BAD HOPのメンバーは中学卒業後、川崎でギャング・チームとして活動していて、〝BAD HOP〟という名前はイベントの名前だったんですよね？

T-Pablow（以下、T）　BAD HOPはイベントの名前です。一五歳のころに地元の先輩に面倒をみてもらっていた時期があって、その人たちがやっていたお店を任せられていたんです。いまはもう無くなっちゃったけど「KING&QUEEN」っていう川崎で唯一のクラブでした。いま話に出た「BAD HOP」を始め、イベントを自分たちで組んで回して収入を稼ぐような感じで、朝にひととおり片付けが終わったあと、暇だからフリースタイルをやったりするようになったんです。

――その頃からPablowさん以外のBAD HOPのメンバーたちも既にラップをやっていたんですか？

T　みんなやっていました。

――二〇一一年頃だと思うのですが、日本のラップ・ミュージックにおいては、ULTIMATE MC BATTLEを始めとして現在のフリースタイル・ブームの礎となるような大会が人気を集めていました。そういったものを観たりはしていたんですか？

T 全然観ていないです。カッコいいっていうイメージがあまりなかったかもしれない。だからフリースタイルは趣味というか酒呑みながらずっとやっているような感じでした。

――特に参考にするものがあったわけではなく、自己流でやっていた？

T 自己流ですね。でも、フリースタイルではないですけど、ZORN THE DARKNESSさんを観てカッコいいなと思った記憶があります。このあいだ出したアルバム『Mobb Life』のなかに「#リバトーク　Skit」っていうスキットが入っているんですが、あれはZORNさんが友だちとやっているフリースタイルが好きで、地元のやつらとワチャワチャしている雰囲気をスキットとして入れたら、キャッチーでおもしろいんじゃないかと思ってつくったものなんです。

――「#リバトーク　Skit」ではBenjazzyがフィーチャー……というかいじられていて。

T あいつめちゃめちゃバカですよね（笑）。でもBenjazzyはラップをやらせたら日本で今一番カッコいいかもしれないですね。

――BAD HOPのメンバーの中でもラップオタクの間でいちばん評価が高いのはBenjazzyだったりします。先程話に出た「KING&QUEEN」でのフリースタイルの頃からずば抜けていたんですか？

T 一番ヒップホップに詳しかったですからね。初めてヒップホップのイベントに連れていってくれたのもあいつですし。

――BenjazzyはT-Pablowさんよりひとつ年上なんですよね？

T 今は「おい！」とか言っていますけどね（笑）。後輩想いで本当に優しいんです。俺に「達哉はこんだけ大変な人生歩んできてんだからラッパーになって、それラップしてもらいたいんだよね」ってずっと言ってくれていたのも彼で、「このひとも自分の人生を歌っているんだけど」って、ANARCHYさんを教えてくれたり。逆にオレが「おまえが一番ヒップホップ好きなんだから人にやれとか言ってないで自分でラップしろよ」って言ったこともあります。それでも「絶対やらない」って言うくらい内気なやつだったんですけど、雨の降る駐車場で三〇分くらい説得しつづけて。ラップのやり方がわからないって言うので、ビートじゃなくてラップの入っている曲をYouTubeでかけてフリースタイルを一緒にやったんです。そのときからBenjazzyもラッパーを目指すようになった。BAD HOP

は本当にいいやつばかりです。

――2WIN（T-PablowとYZERRのユニット）だけじゃなくて――もちろんBenjazzyやTiji Jojoも以前から目立っていたけど――BAD HOPのメンバーがどんどんキャラ立ちしていっているような感じがします。

T　JojoやBenjazzy、YZERRもソロをやったりしていますけど、個人個人がバズらないとワンマンをやったときにエイサップ・モブ（A$AP Mob）みたいなパフォーマンスができないと思っていて。全員でやる曲が終わって、暗転して明るくなったらステージ上で誰か一人だけが立っていてソロが始まるとか、そういうことがしたいんです。もっと、それぞれがライブでやって盛りあがる曲があったほうがいいかなと思いますね。

「高校生RAP選手権」は母校

――第一回「高校生RAP選手権」（二〇一二年）出場の話も、川崎の先輩が持ってきたんですよね？　LIL MANと共に声をかけられた。

T　そうです。当時、地元でチームを組んでヤンチャな感じだったし、正直、そういう大会に出るのはダサいと思っていたので、まわりから言われてもずっと断っていたんです。

だけど、一回りぐらい年上の先輩から話がきて、「絶対出ろ」って言われちゃったので出ることにした。

世代じゃないんですけど、昔のテレビ番組で『ガチンコ・ファイトクラブ』ってあったじゃないですか。いくら地元で権力を持っているヤンチャなやつでも、ああいう企画に出ちゃったらストリートの説得力がなくなっちゃう。だから「高校生RAP選手権」に出ることでそうなることを恐れていたんですよね。イジられてお笑いっぽい扱いになっちゃって、ストリートの威厳がなくなったら金を稼げなくなる、というふうに思っていました。

――その時点でプロのラッパーになりたいとは考えていなかったんですか？

T 考えてはいました。そのときは毎日つきっきりでかばん持ちをやったり、見張りとか集金をやったり荒んだ生活をしていたので、ラップが生きる理由の一つになっていたんです。「いつかラップで成功してやりてぇ」「いつかこの経験を俺にしかできないラップで歌ってやるぜ」という気持ちがないと、今なんのためにこれをやっているんだろう、と思わざるをえなかったというか。ストリートって華やかなものじゃなくて、毎日のガッチリとした積み重ねなので、すぐ逃げてしまう人ばかりで、俺は「いつかラップにしてやる」っていう心の支えがあったからこそ、ストリートでも生きられたという部分がありますね。

――以前インタビューをした際に、YZERRさんが少年院から出てきたときに、ギャング・チームをラップ・グループにしようというアイデアをもってきた、と聞いたおぼえがありますが……。

T YZERRが最初にもってきたのはラップ・グループじゃなくて、ギャング・チームをつくろうっていうアイデアですね。元々自分たちは兄貴が暴走族だったりする環境で育ってきましたし、YZERRも少年院から出てきた次の日には髪型をコーンロウにして「俺はギャングやる」って言っていましたね。ラップグループとしてBAD HOPをやることになったのは、第四回「高校生RAP選手権」(二〇一三年)で二回目の優勝をしたあとです。

――「高校生RAP選手権」という企画に対して、お笑いのような印象があったということですが、実際の収録現場ではどんな雰囲気でしたか?

T 昔から「俺、マジメになりてぇな」ってよく言っていたんですけど、それはオフクロから頭がいいほうがカッコいいという感じで育てられたからなんです。だから「高校生RAP選手権」で文化祭的なワイワイ感、学生ノリに自分が溶け込めていることがすごく嬉しかった。(「高校生RAP選手権」に出ていた) MC妖精とかは青春っぽい感じを代表しているじゃないですか(笑)。だけど自分は、文化祭とか体育祭、修学旅行に一回も行ったこともないし、恋愛とか学生生活の普通な感じを一回も経験してこなかったので、すごく新鮮だったのは憶えています。

――今まで体験できなかった学園生活を疑似体験したわけですね。

T 「高校生RAP選手権」はイベントというより、「母校」みたいなイメージがあります。青春の一番の想い出という感じです。

――MC妖精も含めて、いわゆる不良ではない出場者もたくさんいたと思うのですが、そのなかでT-Pablowさんは自分の不良っぽい面は出さなかったんですか？

T メチャクチャいい人たちだったんで、全然出さなかったですね。だからみんな仲良くなっちゃうんです。第一回「高校生RAP選手権」に出るときに、まわりに「誰か一人絶対ブッ飛ばすから、本気過ぎたら止めろよ」って俺は言っていたんですけど(笑)、まったくそうもならないぐらいにいいヤツらでした。

――第一回「高校生RAP選手権」で優勝して、再び第四回に出場するまでに様々な事情があって一年間のブランクが空きましたがそのあいだは抱えている問題がクリアになったら「高校生RAP選手権」にもう一回出たいと考えていましたか？

T　その期間は「もういいや、人生よくわかんねぇな」みたいな感じで、完璧にスネちゃっている状態でした。福岡に行って、どこかに泊まる金もないので大雨のなか橋の下で雨宿りしながら寝てたり。顔がストレスで殴られたみたいにグチャグチャになってしまって、持っている荷物も一カ月分ぐらいだからすごく重いし、本当に最悪でした。第二回、第三回と「RAP選手権」に出られなかったので、出場して輝いているヤツらを見ても、「俺が出れば絶対勝てんのに……」という気持ちが強くて、ヘイター（嫉妬して文句を言う人。アンチ）みたいになっていましたね。だから今、自分と同世代で、T-Pablowのヘイターっているとと思うんですが、その気持ちもすごくわかります。

――その間、YZERRさんも一緒にいたんですよね。放浪中に二人でラップとかはしていましたか？

T　してないです。もめた理由もヒップホップが関連していたので、やりたくなかったぐらい、トラウマになっていました。映画とかで、悪い環境で育ってきたヤツが一瞬だけ夢見ちゃうシチュエーションってよくあるじゃないですか。それと同じで、夢に向かっていこうとしたのにダメだった、という気持ちでしたね。一瞬期待しちゃったからこそ、絶望も深い。

——それは辛いですね。

T　「やっぱそういう星の下に生まれてんだなぁ」みたいな感じでした。ずっと不良として幅利かせてきたやつが急に音楽やるなんてことは誰も許してくれないし、それは自分が今までやってきたことのカルマだったりするんだろうなって。その一年三カ月ぐらいのあいだ、初めて本当に金がなくなって、惨めな思いをして。でも、あの期間がなかったら今の自分はいないとも思います。

自分の価格を知る

——本格的にラッパーとしてキャリアがスタートしたのは第四回「高校生RAP選手権」で優勝したあとにBAD HOPを結成してから、ということになるわけですね。

T　そうですね。第四回「高校生RAP選手権」が終わってから、元のBAD HOPというイベントを仕切っていた人に電話して「名前を借りて活動していってもいいですかね」と言ったら「嬉しいよ、ありがとう」という感じでOKしてくれて、そこから始まりました。

——BAD HOPを始める時点では他のメンバーもフリースタイル以外のラップをやっていた？

T　そのときに始めたやつも多いです。

——第四回「高校生ＲＡＰ選手権」の放送が二〇一三年の九月で、そこからラップを始めたひとがいるのに、BAD HOPの最初のミックス・テープである『BAD HOP ERA』を二〇一四年三月にはリリースしていますね。

T　昔から金を稼ぐことは得意だったんで、「早く金にしねえとな」という意識があって。『BAD HOP ERA』だけでも二五〇万円ぐらい自分たちの手元に入ったんじゃないですかね。あのときは「高校生ＲＡＰ選手権」で世に出たやつらもみんな何やっていいかわからなかったと思うんですよ。一方、俺は俺で、それまで生きてきて人に認められたことがなかったのに、急に認められちゃって、自分が何者かになってしまったと思っていました。ずっと「この野郎！」っていう反骨精神でやってきたのに、ある意味でどうしていいかわからなくなっていた。

——そういう状況が逆に居心地が悪かった？

T　友だちの親とか学校の先生に「あいつとは絶対遊んじゃダメだよ」みたいにずっと言われていて、いつか見返してやろうって思っていた。すごく認められたくて、ある意味承認欲求の塊でした。それが急に存在を認められるようになって、それから一年半ぐらいは、ウケを取りにいくことしか考えられなくなっちゃったんです。今となっては、人に擦り寄っていったら「共感」されることになるからオリジナリティを持つべきラッパーとしてはよくないのかなというふうに思っています。

――以前、インタビューでPablowさんは「『高校生RAP選手権』で優勝したときに初めてマジメなことをやって受け入れられた」というようなことを言っていました。それを読んだECDが「昔は悪いことに憧れてラッパーになるっていうパターンが多かったのに、T-Pablowの場合は正反対で、悪いことをしてきたけどラップでようやくマジメなことをやれたというのが、すごくリアルな感じがする」と反応していました。

T　それはすごく嬉しいですね。本当、そうかもしれない。初めて普通のことをして認められた。ケンカになったらまず一番に突っこんでいって、それで認められるっていうことはあったんですけど、正直言って、法に触れないことで初めて認められたって感じでしたね（笑）。でも、第一回「高校生RAP選手権」の直前は毎日フリースタイルをやっていて、出る前から絶対優勝するってわかっていました。

――話をもどせば、BAD HOPでミックス・テープを作るときに、ラップをやりたいという気持ちと同時に、自分たちでいわゆるストリート・ビジネスとは違う合法的なビジネスをやりたいという意識もあったんでしょうか？

T　というよりも「今、自分の価格がいくらなのか」ということにすごく興味があった。自分の価値をお金で表すとどのくらいなのかなと思ったんです。そうしたら二五〇万円になって、俺の今までの経験――苦労とまでは言わないけども――はそれぐらいの価値なんだなと実感しましたね。それは今も変わっていなくて、活動していくなかで入ってきたお金で、自分の努力やキャリアというものがこれぐらいの値段なんだなっていうことを感じています。『BAD HOP ERA』のときはまだ売り方も手探りで、完全にインディペンデントでしたし、その技術が上がってきてるんだとも思うんですけど。

――『BAD HOP ERA』はCD-Rにサインとジャケットを付けて、ネットを通して販売するという形式でした。当時は日本のラップ・ミュージックでもフリーダウンロードのミックステープが増えてきていましたが、BAD HOPとしては売りたい、すぐ現金にしたいという考えがあったんですか？

T　実はiTunesとか全然聴いたことがなくて、mixiとかSNSも元々一個もやっていなかったんですよ。そういうのはいつか俺が有名になったときにやってやるよ、ぐらいの気持ちだった。

――『BAD HOP ERA』で活動を始めるにあたっての先行きは感じましたか？

T　そこで得た二五〇万円を元手になにかやってみようと思っていましたね。その金がわりとすぐにポンポンとでかくなっていったので「このやり方は間違っていないな」と。だから今もそのやり方は変わっていないです。

――音楽性としては、そのちょっと前から話題になっていたドリルの影響を感じましたが、他にもアメリカのラップ・ミュージックは聴いていましたか？

T　チーフ・キーフ（Chief Keef）とかフレッド・サンタナ（Fredo Santana）とか好きでドリルは聴いていましたけど、自分がやっている音楽はそれとは違うと思ってましたね。今聴いても「このときは何を考えていたんだろう」って思うような曲ばっかりです。それはさっき言ったように、自分が何者かになったかのように勘違いして、本当だったらみんなの期待やイメージを裏切るような感じがいいのに、〝「高校生ＲＡＰ選手権」に出たやつの音源〟として作ろうとしちゃってたんです。自分のなかで理想像のラッパーって、衝撃的なもので、その反対にあるのは共感とか理解ができちゃうもの。理解できちゃうと、ある程度売れたりすると思うんですけど、やっぱりつまらない。ラッパーとしては破天荒だったら破天荒なほどいいと自分は思っています。でも、そのときはそれが全然わかってなかったんですね。そういう意味でも、「高校生ＲＡＰ選手権」に出たやつはみんなおかしくなっちゃうと思いますね。急にTwitterのフォロワーが何万人になったりもしますし。

――「高校生RAP選手権」で上位に行った人でもTAKA（現・Willy Wonka）は着実にキャリアを進めているような感じがします。関西トラップ勢とのハードな曲も、変態紳士クラブとしてのポップな曲も良かった。

T　TAKAは進学校に行っていて、初めて会ったときはメチャクチャかわいい感じだったんですよ。だけど、一回目に会ったときと二回目に「高校生RAP選手権」に出たあとで会ったときとでは全然違いましたね。それはLIL MANとかも同じだと思うし、MC妖精くんとかもそうです。MC妖精くんは、「高校生ラップ選手権」であああいうキャラでいっちゃったからこそ、あとで嫌になってカウンターで刺青とか急に入れたようなところはあると思いますよ。

――MCニガリa.k.a.赤い稲妻とのバトルでも「おまえ、変わったよな」と言っていましたよね。

T　ニガリのことは好きですけどね。変わっちゃう気持ちはすげえわかるんです。だけど「バトルになったら、そこ攻められちゃうよ」と。

――誰でもそうですけど、高校生という若さでそれなりにチヤホヤされると人は多少なりとも変わってしまう。

T そうですね。俺らは元々目立って生きてきたから「高校生RAP選手権」で目立ったところでなんの得もないし、女に言い寄られたところで「はいはい、ありがとう」みたいな感じですけど、「高校生RAP選手権」に出て急にモテはじめて舞い上がっちゃう人とかも多いと思います。フリースタイルって根が結構マジメじゃないとできないんで、だからこそ、その反動で。斉藤由貴みたいな感じですよね（笑）。

「こんな金になんねぇゲームに参加させちゃって本当ごめんな」

――ラッパーとして活動するなかで地元でまわりからの視線が変わったなと思う瞬間などありましたか？

T ガラッと変わったのはやっぱり『フリースタイルダンジョン』以降ですかね。どこに行ってもみんな俺のことを知っているから、あんまり家を出なくなっちゃいました。トラブルに巻き込まれるのも嫌だから駅前とかも好きじゃないし、どっちかというと地元のこぢんまりした汚い居酒屋みたいなところで焼酎呑んでるか、若いやつじゃ行けないようなお店で呑んでるくらいが落ち着きますね。

――『BAD HOP ERA』の半年後にミックス・テープ『BADHOPBOX』をリリースして、その後Pablowさんは双子の弟であるYZERRさんとのユニット「2WIN」としてZeebraさんのレーベルであるGRAND MASTERと契約することになります。Zeebraさんというすごく大きな看板のもとでやっていくということについて、何か考えるところはありましたか？

T すべてが順調にいくと思っていました。今思うとヒップホップをナメていたし、音楽をめちゃくちゃナメていたんだろうな、と思います。例えば一一曲入りのアルバムを一枚作るとして、スタジオに入るのはだいたい一五回ぐらいだと思うんですけど、俺らは（2WINのアルバム）『BORN TO WIN』を作るにあたって、六五回ぐらい入っている。ありえないレベル。そのときは何をやっていいかわかんなくて、「ＲＡＰ選手権」のイメージもまだひきずっていたので、「何をやったらウケんだろう、俺って今どこにいるんだろう」みたいなことを考えていました。

――レコーディングのノウハウもアルバムの作り方もわからない。

T 二〇歳にもなっていなかったので、そうそうわからないとは思うんですけどね。逆にわかっているやつがいたら、すごいと思います。

――それまでは川崎で番を張ってきたわけですけど、そのことを知らない人たちからすると、ある意味GRAND MASTERに入ることによって、「Zeebraさんのところの若者」という見られ方もする可能性があるじゃないですか。それは嫌ではなかったですか？

T　今考えるとそう思われていたのかもしれないですけど、当時はわからなかったですね。一つのヒップホップ・ドリームだと思っていました。

――ただ日本のラップ・シーンは、海外と違って意外と小さいというか、すぐ天井が見える感じがありませんか？

T　いえ、俺のなかでは、ディディ(Diddy)がやっているバッド・ボーイ・レコードに入った感じに近かったです。「来たぜ、これ絶対ヤバいでしょ」って。たしかに今振り返ってみると当たり前すぎるというか、違う道を突きすすんでもおもしろかったのかなとも少しは思う。でもそうしていたら今の自分はいないのでZeebraさんにはめちゃくちゃ感謝しています。こんなことを俺が言うのは失礼ですけど、Zeebraさんは勘違いされやすくて、本当はものすごくいい人なんです。さっきも話に出た、俺が一五歳くらいのときに働いていた地元の「KING&QUEEN」っていう小さいクラブバーに、川崎クラブチッタでライブを終えたZeebraさんが突然遊びにきて、YZERRとフリースタイルをやったこともあったんですよ。

――そのときに一回交流があったんですね。

T　実は会っていたんですけど、Zeebraさんは酔っ払って憶えていなかったです（笑）。俺らも全員、今と違っていかつい格好していたし。俺はドルガバのスーツにグッチのマフラー、ロレックスの金の時計、ピアスもいっぱいつけて、丸坊主だった。YZERRはコーンロウでスーツ。それを見てZeebraさんは「おまえたち、なんか気合い入ってんな」って。で、そのとき、俺らがフリースタイルをやっているところに、Zeebraさんがきて「今、日本のヒップホップシーンで飯食えてるラッパーって何人いると思う？　一〇人ぐらいしかいねぇんだ」っていう話をしたんです。でも、「おまえその一〇人の名前あげてみ」って言われて、俺は「Zeebraさん、RHYMESTERさん、KREVAさん、AK-69さん……」って答えていって八人目くらいで止まっちゃった。そうしたら「だろ？　こんな金になんねぇゲームに参加させちゃって本当ごめんな」って言ってくれたのがめちゃくちゃ格好よかった。一五歳のガキにそんなこと言えるのって、すごいことだと思うんです。

――Zeebraさんなりにそのゲームを大きくしようと思っているからこそですね。

T　今はまだフリースタイル・バトル・ブームですけど、Zeebraさんはきっと何年も先を見据えて、ヒップホップを日本に根付かせようとしている。あくまでもその入り口としてのバトル・ブームであって、本当に目指しているものはもっとデカいものだと思います。

――「今はヒップホップ・ブームではなくて〝ラップ〟・ブームだ」という言い方はよくされますが、Pablowさんのなかで、ヒップホップとラップ・ミュージックって明確に分かれていますか？

T　たとえば最近の「高校生ＲＡＰ選手権」を見ても思いましたけど、同い年とかちょっと下ぐらいでラップをやっている若い子たちはYouTuberみたいな感じのやつが多くて、それはカッコよくないですよね。ラップがうまいのとラッパーとしてカッコいいのとは絶対に別で、カッコよくないと売れないと思う。やっぱり内面は外見にも出るし、内面がヒップホップじゃないやつが多いんじゃないですかね。ある種ラップがアクセサリーみたいになっている気がします。

みんな本当はメイウェザーでいたいけど

――一方で、二〇一五年九月には『フリースタイルダンジョン』のレギュラー出演が始まって、「高校生ＲＡＰ選手権」のとき以上に、バトル・ブームが大きくなっていく様子を目の当たりにしたと思います。当初、ここまでのことになると予想していましたか？

T 正直「ＲＡＰ選手権」を超えることはないだろうと思っていたんですけど、余裕で超えちゃいましたね。

——出演の話はどんなかたちできたんですか？

T 実は最初「ニガリかおまえか」みたいな話で、自分としてはそのとき落ち目というか勢いがなくなっているのを実感していたので、やることにしたんです。

——落ち目というのはブームが？ それともBAD HOPとT-Pablowさんが？

T 俺たちですね。「なんか話題作んなきゃやべえな」って思っていたんです。

——『フリースタイルダンジョン』が始まる二ヶ月前、二〇一五年七月には2WINとしてアルバム『BORN TO WIN』を出していますよね。にもかかわらず勢いがなくなっていた？

T 正直、『BORN TO WIN』は手応えがなかったんです。今回、アルバムとしてはそれ以来になる『Mobb Life』にすごく力を入れたのも、自分たちの人気が落ちてきているのがわかるし、またここでもう一度上がっていく必要を感じたからで。そういう「勢い」みたいなものには気を遣っている。常に危機感を抱いていますね。

――むしろ「もっといけるはずだ」と思っている？

T　まだ全然予想の範囲内です。それを超えてきていないですね。

――そういう「バズる」というような感覚って、体感としてどう計測しているんですか？

T　実際のところはなかなか自覚できないものなんですけどね。いまだに酔っぱらって暑くてタクシーのなかで服脱いだりしちゃって友だちから「ちゃんとしておいたほうがいいよ」って言ってもらったりしますから（笑）。

――『フリースタイルダンジョン』の収録現場は「高校生ＲＡＰ選手権」とはまた違いましたか？

T　「高校生ＲＡＰ選手権」のほうがしっかりしていたというか、スタッフの人たちもヒップホップに詳しかったイメージです。ぶっちゃけ、『フリースタイルダンジョン』の初期は「ここにいたら俺ヤバい」とすら思ったときもあった。あと、モンスターも仲良くなかったんですよ（笑）。

――じゃあモンスタールームもシーンとしている感じ？

T　ギスギスしていました。Ｒ（－指定）くんがインタビューで「俺が「ＲＡＰ選手権」に出ていたら絶対優勝だったのに、俺が高校卒業してからできやがって、っていう悔しい気持ちでした」というようなことを言っていたので、最初は俺に対してそういう気持ちもあったのかもしれない。漢（a．k．a．ＧＡＭＩ）さんも怖かったし、サ上（サイプレス上野）さんとも「はじめまして」「おう、はじめまして」っていう感じでした。

――番組が始まるにあたって顔合わせとかはなかったんですか？

T　なかったです。一回くらいご飯食べに行く会を設けたりしてくれたらよかったんですけどね。いきなり現場に入ったらみんながいて、般若さんがきて、「おお、なんだなんだ？全然わかんねえぞ」みたいな。

――では、だんだん空気が変わっていった感じなんですね。

T　回を重ねるたびに変わっていきましたね。やっぱり大きかったのは、モンスターが全員負けてラスボスの般若さんまでいったときです（first season,Rec3-3,3-4、焚巻戦）。そこからみんなでアドバイスしあって戦い方を考えていくような気持ちが強くなった。勝ちつづけていたらそうはならなかったかもしれない。最初は「俺だけ負けたら立場がないな」ぐらいに思っていたので。般若さんに恥掻かせられないだろと考え直したし、モンスターが全員負けたのは屈辱でした。

――モンスター内で、今のラップ・シーンやビジネスについて話す機会はありましたか？

T そういうのはあんまりなかったかもしれないです。収録は毎回修羅場だったので、その日に対戦する相手について話しあうだけでした。

――『フリースタイルダンジョン』と並行してBAD HOPのプロジェクトも進んでいきます。グループでやりたいことと、番組を通してシーンを大きくしていくという、Zeebraさんが目的としていたこととは、方向性が異なる部分もあったと思うのですが、どう考えていましたか？

T 自分は、ブームを広めた側がそのあとにどれだけイケていることをできるかだと思っていました。俺にも責任があるんだって、わざと責任感を背負うようなイメージ。だからこそダサいことはやらず「ヒップホップってこういうことなんだぞ」って提示できるようなことをやらなきゃいけない、という意識は持っていました。「ＲＡＰ選手権」とか『フリースタイルダンジョン』はすごくわかりやすいものだから、例えばそこで自分が負けてバカにされたりするかもしれない。だけど、俺は友だちとかと一緒に成り上がりたいという気持ちが強いので、そういう番組に出ることによって、イケているやつのスピーカーになれればいいと思っていました。なにを言われようとも、それで凹むんじゃなくて、得たものを使って仲間たちとこのチャンスを共有していこうと。

――「高校生RAP選手権」では優勝という結果を見せることができたけど、『フリースタイルダンジョン』はそもそも試合数が多いから、どうしても負ける場面が出てきて、それが目についてしまうわけじゃないですか。その葛藤はありましたか？

T みんな本当はメイウェザー（無敗のボクシング王者）でいたいんですよ。だけど、負けているのも自分のリアルな姿だし、弱いところを見せたほうが逆に人気が出ることもあるから、そういうところも見せたほうがいい。例えば女の子だったら、ずっと強がっていた男にちょっと凹んでいる姿を見せられると母性本能くすぐられるみたいなこと言うじゃないですか。それと同じで、俺はありのままでいいんだなと思っていました。R－指定くんは本当に天才ですし、一緒にサイファーをやっていてもレベルが違うなと思うんですけど、俺はやっぱりそういうタイプではないんだろうなと。

「なんでそういうことになったんだ」って言い合える関係

――話をBAD HOPに移せば、『フリースタイルダンジョン』に出演しながらも二〇一六年にはミックステープ『BAD HOP 1 DAY』とその改変版『ALL DAY』をリリースします。両作では、全体的なプロダクションとしてのクオリティがこれまでと比べて格段に上がった印象があります。

T　自分は『フリースタイルダンジョン』で精一杯だったので、あれはYZERRが仕切って作りました。

――二〇一七年に開局したヒップホップ専門ラジオ局のWREPでBAD HOPがやっている『リバトーク』ではYZERRさんの仕切りっぷりが注目されていますが、基本的に制作も彼が引っ張っていくかたちになっているんですか？

T　そうですね。

――BAD HOPのみんなといると、Pablowさんももちろん話すけど、場はYZERRさんが回していくようなノリですよね。

T　まさにそういう感じだと思います。ただ、『Mobb Life』で楽曲としてのクオリティがさらに一段階上がったのは、自分たちのまわりにイエスマンがいないからだと思うんです。何故なら、俺とYZERRが双子なんで「それを言ったら友情関係崩れちゃうよ」っていうようなこともバンバン言いあえる。それにJojoやBarkとも幼稚園から一緒だし、他のみんなも大体小学校からの友達なのでダサかったらダサい、カッコよかったらカッコいいって言えるし、YZERRの仕切りも活きてくるんだと思う。

―― 服がダサかったら何時間も問いつめて、最後破るって言ってましたね（笑）。

T 「なんでそれを着てきたんだ、なんでそういうことになったんだ」って言って、最終的にビリビリ破りますよ（笑）。

―― それはある種、BAD HOPの中で美学が共有されているということですよね。

T みんな元々めちゃくちゃダサいですからね。それを言いあうことでカッコよくしてきた。だから例えば若い子が出しているミュージックビデオを見て、曲もビデオもクオリティが低かったりすると、これでOK出しちゃうってことは友だちいないんだろうなって思っちゃう。その点、KANDYTOWNはしっかりしていますよね。あの人たちも友だち同士で言いあえる仲なんだろうなと。

バズり or 炎上

――『BAD HOP 1 DAY』及び『ALL DAY』では、初期のドリルのようなアンダーグラウンドな感じの曲に加えて、ビルボードのトップ40的なメジャーな感じの曲も入るようになっています。そのあたりは意識して作っていますか？

T　ぶっちゃけ「あいだ」にいるということなんです。自分たちも若いから、流行に敏感だったりするので、世の中の流れのなかに生きて自分たちのやりたいこともやりつつ、それでバズるということを意識している。みんな早くもっといい生活がしたいという思いもあるので、やっぱり売れたいんですよ。それと、ドリルの勢いも落ちてきていたので、変わっていったというところもあります。

――『リバトーク』のなかでもアメリカの新しいラップ・ミュージックを紹介していますが、それは積極的に掘っている感じですか？

T　調べているというよりは偶然出会って、聴いてみたらカッコよかったっていうことが多いかもしれない。でも俺、携帯でずっと新しい音楽を探していて、毎月携帯代が一〇万円超えるくらいなんです。めちゃくちゃギガモンスターなんです（笑）。

——例えば、『Mobb Life』の特典ディスクにリミックスが収録された「The Race」を歌っているTay-Kは、警察から逃亡しながら曲を作っていた一七歳のラッパーですよね。

T　そういう人って、向こうではバズるじゃないですか。けど日本ではそうもいかない。もちろん向こうでも被害者がいるのに、っていう意見はあると思うんですけど、「こいつアホだな」っていう感覚で結局はバズるじゃないですか。そういう感覚的な意味では日本でヒップホップをやってバズらせるっていうのは難しいなって思うこともあります。だからこそ、基本的にYouTuberは大っ嫌いなんですけど、たまにアホでおもしろいことやっているやつがいたりして、見ちゃうんですよね。

——それこそ日本ではUSでいうところのラッパーの役割をYouTuberが担っちゃっているところがあるのかもしれない。

T　LIL PUMP（USのラッパー）のまわりに、目の下にカタカナで「バガボンド」ってタトゥーを入れているやつがいるんですけど、そいつのInstagramがめちゃくちゃおもしろくて。バーバー・ショップで髪を刈られているのをずっと自撮りしているかと思ったら、店員の隙を盗んでダッシュして逃げる、みたいなことを延々とやっているんですよ。もうほとんどYouTuberじゃないですか。しかもアメリカではそういうやつが人気だったりするのが、日本とは違うところだなと思います。

「内なるJ」と精神論

――それは日本だったら確実に炎上すると思うんですけど、BAD HOPはスレスレのところを狙っていきたいという感じなんですか？　たとえば「The Race」のようなストリートのノリもありつつ、Post Maloneのようなトップ・チャート的な表現もあったりして、そのバランス感覚がおもしろいなと思っているのですが。

T　元々ヒップホップにハマったきっかけが日本語ラップじゃないんです。アメリカに行ったときにYouTubeを見ようとしたら、当たり前ですけど英語でしか入力できないから検索できなくて、たまたまオススメの動画に出てきたLil WayneとT.I.を見てハマったんです。俺とJojoのルーツはモロにT.I.で、アンダーグラウンドなこともできるし、同時にメジャーなこともできるっていう、そのバランス感覚に今でも惹かれます。ストリートのことも女のことも、パーティーのことも、なんでも歌えたほうがカッコいいと思っていて、それは意識しています。

――最近、BAD HOPは「日本のラッパーには〝J〟＝日本固有のものが内在化されていて自然にラップに出てきてしまう傾向にある」ということを「内なるJ」と呼んで提唱していますね。

T　「内J」ですね（笑）。

――日本のラップを考える上で「内なるJ」という問題は重要だと思います。BAD HOPはそれを消そうとするわけじゃないですか。一方では、「内なるJ」をあえて出すタイプのラッパーもいる。

T　俺たちの場合、誰かがラップしていて「内なるJ」が出ていたら、録音ブースに向かって携帯をこうやって（レッド・カードのように上に掲げる）やるんですよ（笑）。「今J出てるよ」って。そうしたら、そいつはそのままお辞儀して退場する。いくつか段階はあるんですけど、いくらこっちで指示を出してもどうしようもないときにはレッド・カードで退場してもらうっていう感じです。最近BAD HOPのなかでは「それ、日本語ラップだな」っていうのは悪口になっちゃってますね。

――「日本のラップはアメリカのマネだ」っていう言い方をされることもいまだにあると思うんですけど、BAD HOPとしては、そもそも普段聴いているものがアメリカのラップ・ミュージック中心だし、グローバルなスタイルのラッパーのほうが格好良く感じる、といったところでしょうか？

T　「ヒップホップって何？」って言われたときに、すぐに精神論を語る人がいるじゃないですか。俺はそういうタイプが嫌いなんですよ。「いじめられっ子でも成り上がるのがヒップホップ、対等にやりあえんのがヒップホップだよ」って。そうじゃなくて、ヒップホップが何かと言えば、今のヒップホップの新譜こそがヒップホップだと思っているんですよね。つまり気持ちの部分は抜きにして、ビート感とか音楽性の話です。そういう精神論を語るやつの音楽を聴いて、それがモロに日本語ラップだったりすると、全然ヒップホップじゃねえじゃんって思います。まずは音楽性として、誰が流行っていて、誰がイケているのかというのが大前提。そのうえで、自分たちのライフスタイルとかが加わってくるのはもちろんいいと思います。「内なるJ」を持っている人たちはすぐに精神論から入るけど、BAD HOPは音楽が大前提だということにすごく気を遣っていますね。

――日本でヒップホップをやるということ自体になんとなく後ろめたさを感じていて、それを自ら肯定したいという思いが「内なるJ」として表れているのかもしれません。「これこそが、日本人ならではのヒップホップだ」というような。

T　自分のやっている音楽に自信がなくてヒップホップだって言えない、そこで勝負できないから気持ちでくる。それは結構ヤバいなと思います。

――「内なるJ」のレッド・カードに引っ掛かるのは、例えばメロディーの節回しとかだけでなく、もっといろいろな要素？

T　メロディーもそうだし、リリックの「それ、日本人の感性だわ」みたいなことも含みます。例えばさっきのTay-kの話と同じで、ヤンキーを扱った作品について「ヤンキーばっかりフィーチャーして迷惑かけられた側のことは描かなかっただろ？」みたいな考え方があると思うんですけど、YZERRはそれに対して「じゃあ手羽先食ったときに旨いっていうけど、おまえチキン側の気持ち考えたことあんのかよ？　そんなちっちゃい話してんじゃねえよ！　人間はそういう生き物なんだから」みたいな屁理屈を延々と言ったりするんです（笑）。それはそれで確かにな、と思っちゃうんですよね。ほかにもVingoが「中学高校俺は捨てちゃったノート」っていうリリックを書いてきたんですけど、それだけで「内なるJ」の警告が出ます（笑）。「内なるJ」のジャッジはめちゃくちゃ厳しいので、それについてだけ一時間話したいくらいです。

――では、『Mobb Life』はそうやって「内なるJ」を削っていくなかでできあがった。

T　そうです。でも「出てきていいJ」というのもあります（笑）。歌舞伎とか京都とか扇子とか、外国から見てもカッコいいJ。『Mobb Life』にも「これ以外」っていうちょっとエモい曲があって、それは多分YZERR的に戦略としてJ要素を入れた曲です。でもその場合も、ヒップホップ・マナーにちゃんと則りながら、それでいてJの心にも響くような曲にする、っていうことはかなり気を遣いました。別にJの人をバカにしているわけじゃなくて、それがBAD HOPの考え方だっていうことなんですけどね。

ヒップホップにおける「リアル」

——一方でフリースタイルに限れば、Pablowさんは日本語ラップをほとんど聴かないにもかかわらず、日本におけるフリースタイルの伝統をしっかりと継承しているような印象もあるんです。

T それしかできないという面もあるんですけど、変なところ常識人だから取り繕っちゃうんですよね。フリースタイルのときは本当の自分を出し過ぎちゃってもアレだし、とりあえずこうやっておけばいいでしょ、みたいな。でもそれが結果よくないことに繋がっていったりしますからね。

——DARTHREIDERが出した『MCバトル史から読み解く　日本語ラップ入門』（二〇一七）の中で、「T-Pablowはリアルを重視しているフリースタイラーだ」というような定義をしています。つまり、行動とラップしていることが一致していると。

T　ラッパーでリアルな人って少ないと思うんです。「口だけ」のYZERRのリリック、「元々からヤンチャな俺ら／ヒップホップ憧れ悪ぶるオマエら／設定じゃねえ生き様がキャラクター／作られたジルコニアじゃガラクタ」ってすごくいいことを言っていると思うんです。ヒップホップって何かって考えたときに、ギャングスタ・ラップに憧れてタトゥーを入れたり悪くなっていった人もいると思うんですけど、俺らにとって日本でギャングスタって何かというと、暴走族とかその上に繋がっているヤクザとかが一番近いのかなと思うし、自分たちは中学生のときからそういう環境にいた。だからこそANARCHYさんがラップしていることは嘘じゃないのがわかりますね。悪いところをひけらかさないのもむしろリアルに思えます。

でもヒップホップに憧れて悪くなった人っていうのは、悪い面を全面的に出していくし、そういうキャラに見られるのも上手いですよね。本当に自分がギャングだったらダメな部分も含めていろんな面を出しちゃうと思うんですけど、憧れだけで見ているから表情を作ったりして演じられる。そう感じる人は多いですよね。

——その定義と照らしあわせて、リアルだなって思うラッパーはANARCHY以外に日本で誰がいますか？

T　YZERR以上の人はいないと思います（笑）。YZERRもおもしろいことを言ったり礼儀正しくしたり、悪いところを隠すじゃないですか。ラッパーに憧れて、ギャングみたいなことをしている人もいいとは思うんですけどね。ただ自分はそういうスタイルとは縁を切りたいと思っちゃうんです。演じているくらいがちょうどいいのかもしれないですけどね、本気過ぎちゃうと引いちゃうし。

――例えばアイス・キューブとか、アメリカでもギャングではなかったからこそギャングスタ・ラップを書くことが上手いひとは多いですよね。

T 別にそれはそれでいいとは思うんですけどね。

――ただ自分たちは「本当にリアル」だと思う?

T 自分たちがリアルかどうかというより、何よりも「これがリアルだ」って言って作っている人たちが多いなと思います。

――昨年の「KING OF KINGS」東日本予選におけるISSUGIさんとのバトルが、まさにリアルのぶつけあいという感じで見ていてハラハラするような言いあいでした。

T 実は全然憶えていないんです。

――真っ白になっていた？

T　俺、自分のバトルが恥ずかしくて見直せないんです。何言ってるんだろうって思っちゃう。だけどISSUGIさんと俺は、一八〇度とは言わないけどほぼ反対の感性を持っているんだろうなとは感じました。

――しかもお互いにそれをまったく曲げない。

T　ISSUGIさんみたいな人は本当にカッコいいです。ワルぶっているわけでもないし、ヒップホップが純粋に好きで、やっている音楽もカッコいい。だけど別に売れなくてもいい、というスタイル。でも俺らはそういうところで生きていないんです。このタイミングでもっと上がっていかなかったら、捕まっちゃうやつらも出てくるかもしれないし……。最近でも地元で元々つるんでいたやつらが一〇人近く捕まっているんです。この先BAD HOPがラップで飯が食えなくなっても、いまさら普通の仕事なんてできないし、みんな不良の金の稼ぎ方は知っているから、そうしたら、最悪な事態が起こるじゃないですか。それ自体甘えかもしれないけど、すくなくともそうなって欲しくはない。みんなで金を作っていかなきゃいけない。なので、「そんなところで止まってらんねえんだよ、しゃらくせえこと言ってんじゃねえ」って俺らは思っちゃうんです。

――**金を作っていくんだ、ブームだって利用できるんなら利用するんだ、と。**

T 例えば『フリースタイルダンジョン』をやっていく中で俺がスネたり腐っちゃったりしたら、BAD HOPの他のやつらのスピーカーになれない。結果的には自分のためでもあるんですけど、やっぱり仲間たちとこれからもやっていきたいので。ZORNさんの「洗濯物干すのもヒップホップ」ってすごいパンチラインだなと思うんですけど、「ゲットー・キッズが家政婦雇うのもヒップホップ」だと思うんです。ヒップホップっていうのはそれぐらい対極のものを含んでいるとも思います。

――**それこそスタンスが違っていても、音楽としてのヒップホップで競い合うということですね。**

T そこが絶対なんですよ。イケているか、イケていないか。BAD HOPの場合は、その判断基準として「内なるJ」のようなものがあるんですけど、ヒップホップとしてはJ・コールみたいなスタイルもあれば、チーフ・キーフみたいなスタイルもあっていいんじゃないの、ということです。まずは「イケている音楽」がお互いの前提である必要がある。だから精神的な部分は、その前提のうえで言いあう。それが日本のヒップホップの進化ということになるのかなと思います。

二〇一七年九月二七日、川崎市某所にて収録

あとがき

磯部涼

　ここでは、本書を読み進める上で参考になるよう、日本のラップ・ミュージックの歴史をごく簡単にまとめておきたい。また、その際のテーマは〝ブーム〟としたい。何故なら、本書の基になった雑誌『ユリイカ』二〇一六年六月号の日本語ラップ特集が、「高校生RAP選手権」（一二年〜）と、続く「フリースタイル・ダンジョン」（一五年〜）が火付け役となったフリースタイル・ラップ・ブームに合わせてつくられたからだ。そして、それは決して初めての日本語ラップ・ブームではない。ブームというと、一過性のものであり、空虚なものであるというイメージを持つ向きが多いだろう。しかし、元来、大衆的な性格を持つこの文化にとって、情報が広がること、敷居が下がることは決して悪くない効果をもたらしてきた。もしくはブームに対するカウンターが起こるということも含めて。

　最初のブームは一九八〇年代後半。日本でラップ・ミュージックの要素をアレンジに取り入れたのは、細野晴臣がプロデュースしたスネークマンショー「咲坂と桃内のごきげんいかが1・2・3」（八一年）が最初だというのが定説となっている。その後、同傾向のいわゆる歌謡ラップが数多く制作されていくが、八〇年代半ばになると編集者／コメディアン（当時）のいとうせいこうがラップに取り組んだ「業界こんなもんだラップ」（八五年）を転機として、自身の身体でもってヒップホップ・カルチャーを引き受け、ラッパーを名乗る者が現れ始める。それは、いとうの他、高木完、藤原ヒロシ、近田春夫といった既に他業種で名を挙げていた者たちだった。八七年四月、近田に触発されてラップを始めた二七歳の演劇青年がＥＣＤとして出場したラップ・コンテストでは、A.K.I.率いる高校生三人組のラップ・グループ、KRUSH GROOVEが注目を集めたように、その影響は情報に敏感な東京の若者の間で瞬く間に広まっていく。やがて、八九年三月開催のラップ・コンテストに彗星のごとく現れたスチャダラパーが持つポピュラリティによって、ラップ・ミュージックは日本で決定的に認知されるに至る。

ただし、当時、商業的にはスチャダラパーのひとり勝ちと言っていいような状況で、他のラッパー――特に彼らとは正反対のオーセンティックな、もしくはハードコアな表現を志向するアーティストたちはフラストレーションを募らせていった。九四年にはスチャダラパーとシンガーソングライター・小沢健二の共作「今夜はブギーバック」がヒット。m.c.A・T「Bomb A Head!」（九三年）、EAST END × YURI「DA.YO.NE」（九四年）等と合わせJ-RAPと呼ばれたバブルガム・ラップのブームが起こる。対して、ハードコア・ラップ派は、暗いビートの上、鬼気迫った調子で「巻き起こすJ-RAPとの戦争」「スチャダラダラした目から見たもの／それこそが狂ったルール／はまったブーム」（YOU THE ROCK）とラップするLAMP EYE「証言」（九四年）を始めとして、苛立が沸点に達したかのように楽曲を次々と発表。そのカウンター・カルチャー的なイメージは若者の熱狂的な支持を獲得していく。結局、九七年に彼らが一同に介したイベント「さんピンＣＡＭＰ」が、主催のＥＣＤによる「J-RAPは死んだ／オレが殺した！」という宣言で幕を開けた通り、日本のラップ・ミュージックのメインストリームはハードコア・ラップ派が取って代わったと言っていいだろう。

ちなみに、J-RAPとハードコア・ラップという対立は確かに存在したが、前者を代表する楽曲「DA.YO.NE」の作詞を、後者に属すると捉えられていたRHYMESTERのMummy-Dが共同で手掛けていたように、人脈としてははっきり分けられたわけではなく、時にはひとりのラッパーの中でふたつの価値観が闘ぎ合っていることさえあった。さらに、J-RAPを殺した後のハードコア・ラップは、むしろ、前者の意志を受け継ぐような動きを見せていく。例えば、やはり後者に属すると捉えられていたキングギドラのZEEBRAが、ロック・バンド、Dragon Ashのヒット・ソング「Grateful Days」（九九年）のために書いた「俺は東京生まれHIP HOP育ち／悪そうな奴は大体友達」というラインは、あくまでも東京の不良が中心だったコミュニティが、〝悪そう〟だったら参加を認めるという風に敷居を下げたことを意味した。それによって、京都の暴走族だったANARCHYが少年院に入っていた際、テレビの歌番組に出演したZEEBRAのパフォーマンスを観て、本格的にラップを志すというようなことが起こる。つまり、ハードコア・ラップはブームに敵対したわけではなく、そのような現象を奪還、地方の不良にまで、ヒップホップという文化とラップ・ミュージックという手法を浸透させたのだ。

同様のことは現在のフリースタイル・ラップを巡る状況にもあてはまる。現在のブームの下地となっているのは、例えば〇五年に始まったフリースタイル・ラップ・バトルのイベント「ULTIMATE MC BATTLE」だろう。当初の中核を担っていたのは漢 a．k．a．GAMI。〇〇年代前半、彼が率いるラップ・グループであるMSCは、ハードコア・ラップの流れにも、それとは相対する音楽性でもって人気を集めていたKICK THE CAN CREWやRIP SLYMEといったポップ・ラップにも与せず、地元・新宿を拠点としたインディペンデントな活動で第三の道を切り開いていった。一方、彼は「UMB」において地方予選を行うことで日本全国にフリースタイル・ラップの方法論を浸透させ、「高校生RAP選手権」や「フリースタイル・ダンジョン」といったテレビ番組の企画が立ち上がった際にも積極的に関わる。彼が持っていたのは、この国でラップ・ミュージックをさらに大きくする――正確に言うと〝自分が本物だと信じる〟ラップ・ミュージックをさらに大きくする、という欲望だ。しかし、当然、彼も関わったブームにも新たなカウンターが起こるに違いない。いや、既に起こっている。どのようなアーティストやムーヴメントにカウンター性が見出せるのかどうかはここで書かない。本書を読み終わったあなたが探求する余地を残しておくべきだろう。日本のラップ・ミュージックはいまだ進化の過程にある。本書も経過報告として楽しむべきだ。

いとうせいこう
作家。音楽作品に『建設的』（いとうせいこう&TINNIE PUNX、一九八六）、著書に『想像ラジオ』（二〇一三）、『鼻に挟み撃ち』（二〇一四）など。

Zeebra
ヒップホップアクティヴィスト。作品に『25 To Life』（二〇一三）、『Black World/White Heat』（二〇一一）、著書に『HARDCORE FLASH vol.1 EDITED BY ZEEBRA』（二〇一七）など。

般若
ラッパー。作品に『グランドスラム』（二〇一六）、『#バースデー』（二〇一四）、『コンサート』（二〇一三）など。

漢 a.k.a. GAMI
ラッパー、株式会社鎖グループ及びヒップホップレーベル「9SARI GROUP」代表。作品に『MURDARATION』（二〇一二）、『導～みちしるべ～』（二〇〇五）など。

ANARCHY
ラッパー。作品に『BLKFLG』（二〇一六）、『NEW YANKEE』（二〇一四）、著書に『痛みの作文』（二〇〇八）など。

KOHH
ラッパー／アーティスト。作品に『DIRT II』（二〇一六）、『DIRT』（二〇一五）、『梔子』（二〇一五）など。

MARIA
ラッパー。SIMI LABとしても活動。作品に『Pieces』（二〇一七）、『Detox』（二〇一三）、『Page2:Mind Over Matter』（SIMI LAB、二〇一四）など。

T-Pablow
ラッパー。BAD HOP、2WINとしても活動。作品に『Mobb Life』（BAD HOP、二〇一七）、『BORN TO WIN』（2WIN、

二〇一五）など。

磯部涼

ライター。著書に『ルポ 川崎』（二〇一七）、『ラップは何を映しているのか』（共著、二〇一七）『音楽が終わって、人生が始まる』（二〇一一）など。

二木信

ライター。著書に『しくじるなよ、ルーディ』（二〇一三）、『ゼロ年代の音楽』（共著、二〇一〇）、『素人の乱』（共著、二〇〇八）など。

佐藤雄一

詩人。第四五回現代詩手帖賞受賞。「絶対的にＨＩＰ ＨＯＰであらねばならない」（『現代詩手帖』連載）などを執筆。

山田文大

ライター。著書に『実録！「裏稼業」騙しの手口』（二〇一四）。TwiGy『十六小節』（二〇一六）の聞き手・構成などをつとめる。

日本語ラップ・インタビューズ

2017年12月20日　第1刷印刷
2018年 1 月 5 日　第1刷発行

著者――――いとうせいこう／Zeebra／般若／漢 a.k.a. GAMI／
ANARCHY／MARIA／KOHH／T-Pablow
発行者――清水一人
発行所――青土社

東京都千代田区神田神保町1-29 市瀬ビル　〒101-0051
［電話］03-3294-7829（営業）03-3291-9831（編集）
［振替］00190-7-192955

組版――――フレックスアート
印刷・製本――シナノ印刷

装幀――岩瀬聡
カバーイラスト――野崎裕子

ISBN978-4-7917-7027-4　C0073